. 사랑하는 손자 지엘에게 .

어제보다 오늘이
더 기쁜 날

어제보다 오늘이 더 기쁜 날
사랑하는 손자 지엘에게

초판 1쇄 발행 2024년 9월 26일

지은이 안중섭
펴낸이 장길수
펴낸곳 지식과감성#
출판등록 제2012-000081호

교정 김지원
디자인 및 편집 지식과감성#
마케팅 김윤길, 정은혜

주소 서울시 금천구 벚꽃로298 대륭포스트타워6차 1212호
전화 070-4651-3730~4
팩스 070-4325-7006
이메일 ksbookup@naver.com
홈페이지 www.knsbookup.com

ISBN 979-11-392-2118-3(03810)
값 15,000원

• 이 책의 판권은 지은이에게 있습니다.
• 이 책 내용의 전부 또는 일부를 재사용하려면 반드시 지은이의 서면 동의를 받아야 합니다.
• 잘못된 책은 구입하신 곳에서 바꾸어 드립니다.

지식과감성#
홈페이지 바로가기

. 사랑하는 손자 지엘에게 .

어제보다 오늘이
더 기쁜 날

안중섭 지음

차례

프롤로그   008

♥ 1부

네 번째 손주를 기다리며	013
쁘니에게 쓰는 첫 번째 편지	015
3월에 있었던 일들	017
내 삶을 이끌어 오신 하나님	021
사랑받는 사람에서 사랑하는 사람으로	023
점점 더 좋아지는 삶	025
GSM 선한 목자 선교회 선교대회	027
잡초를 뽑으며	029
성경이 사랑하는 둘째 아들	031
선교와 관련된 삶	033
약수교회 강창규 목사님	035
선환이 할머니	037
하나님께 쓰임받는 기쁨	039
할아버지가 사랑하는 동안교회	041
할아버지를 울산으로 부르신 하나님	043
말씀이 이루어지는 삶	045
30년 뒤를 기대한다	047
쁘니를 눈동자처럼 지키시는 하나님	049
좋은 본을 보이는 삶	051

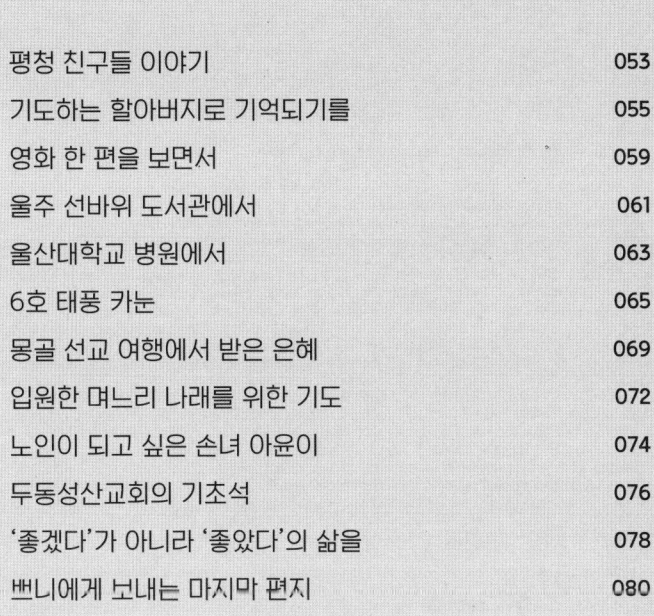

평창 친구들 이야기	053
기도하는 할아버지로 기억되기를	055
영화 한 편을 보면서	059
울주 선바위 도서관에서	061
울산대학교 병원에서	063
6호 태풍 카눈	065
몽골 선교 여행에서 받은 은혜	069
입원한 며느리 나래를 위한 기도	072
노인이 되고 싶은 손녀 아윤이	074
두동성산교회의 기초석	076
'좋겠다'가 아니라 '좋았다'의 삶을	078
쁘니에게 보내는 마지막 편지	080

 2부

지엘이에게 보내는 첫 편지	085
귀하게 쓰임받는 기쁨	087
어제보다 오늘이 더 좋은 삶	089
천국에서의 삶이 이렇지 않을까?	091
하나님의 방법으로 세상을 살자	093
오두막: 꿈이 이루어졌다	095
절망의 마음을 기도의 제목으로	099
시편 127편, 말씀이 이루어진 집	101

며느리 나래의 생일을 축하하며	103
부고를 받으면서	107
2023년 9대 뉴스	109
노력이 유전을 이길 수 있을까?	111
꿈같은 크리스마스 파티를	113
기쁜 일과 슬픈 일이 씨줄, 날줄처럼	117
혹시 하나님이 능력을 주시면	119
새해 첫날의 결심	121
백일을 맞는 지엘이를 위한 기도	123
동안교회 담임 목사님 부부 방문	127
증조할머니 생일날	129
세월이 흘러가고 있다	131
행복은 친밀한 좋은 관계	137
전 세계가 하나	139
세 번째 기도의 응답	141
지온이를 보는 눈, 지엘이를 보는 눈	143
God's Home Builders, 줄여서 곱(GOHB)	145
양산 부산대 병원	149
한 걸음 앞서 걸어가시는 믿음의 선배	151
이어달리기하는 것처럼	153
한 세대가 가니 다음 세대가	155
하나님 창조 사역의 동역자	157
하나님께서 주시는 복을 누리며 사는 사람	161
저희는 망하고 우리는 흥한다는 말씀이	163
아프리카에서 받은 은혜	165
에티오피아에서 보낸 열흘	173
수고하고 무거운 짐 진 자들이 와서 쉼을 얻는 장소	175
알래스카 크루즈의 하이라이트 같은 하루	177

그리스도의 향기가 나는 사람	179
말이 통하는 좋은 친구가 있어서 행복	183
무엇인가 영적인 분위기가 느껴지는 세도나	185
서부의 자연도 부럽고 동부의 문화도 부럽다	187
시카고에서는 아키텍처 투어를	189
나 닮은 레이크는?	191
하나님께서 교회를 통해서 말씀하신다는 믿음	195
우리 집이 수넴 여인 집 같다고 이야기하시는 선교사님	197
마지막이 더 아름다울 수 있으면 좋겠다고 기도	199
두동성산교회는 지금 기적이 일어나는 현장	203
할아버지가 가장 많이 배우는 방법은 책	205
'하늘 바람 집'이 이름대로 '하나님의 바람'이 이루어지는 집이 되기를	207
피곤함보다 감사함과 기쁨이 더 큰 삶을	209
예수님 말씀을 실천하는 사람으로 기억하니 감사	211

♥ 부록

첫돌을 맞는 지엘이에게 보내는 편지	217
행복한 33년 교사 생활을 마무리하면서	220
안중섭 장로님, 손승현 권사님 가정에 보내는 편지	224
나래의 퓨어나드 로스팅하우스	226

프롤로그

　며느리가 두 번째 아이를 임신했다는 소식을 듣고 글을 쓰기 시작하였다. 태명이 쁘니여서 〈사랑하는 손주 쁘니에게〉로 시작하는 글을 2023년 3월부터 9월까지 적었다. 중간에 남자아이인 것이 확인되어 〈사랑하는 손자 쁘니에게〉 바꾸어 적었다. 쁘니가 태어난 9월 말부터 2024년 8월까지는 이름으로 바꾸어 〈사랑하는 손자 지엘에게〉로 시작되는 글을 적었다. 지엘이 돌날 줄 선물로 매일 써 왔던 글 중에서 100편을 골라 《어제보다 오늘이 더 기쁜 날》을 엮는다.

　먼저 결혼한 딸의 임신 소식을 듣고 처음 글을 적은 것이 2015년이니, 벌써 10년 전이다. 첫 번째 손녀에게 글을 적어 책을 만들면서 언제 읽을까 싶었다. 벌써 10년이 지나 아윤이가 자라서 할아버지가 쓴 글을 읽는 나이가 되었다. 간절한 할아버지의 바람처럼 우리 아윤이가 믿음 안에서 예쁘게 튼튼하게 똑똑하게 잘 자랐다. 지엘이도 그렇게 될 것이 믿어진다.

　딸에게서 첫 번째 손녀와 첫 번째 손자가 태어났고, 며느리에게서 첫 번째 손자가 태어났다. 모두가 처음이었는데 지엘이만 두 번째 손자여서 두 번째 경험이다. 우리가 보기에는 형이 갔던 길을 비슷하게 걸어서 덜 신비롭다. 그러나 성경은 두 번째 아들을 특별하게 대우하는 경우가 많은데, 우리 지엘이도 하나님께 특별하게 쓰임 받기를 기도한다.

지엘이에게 글을 쓰면서 행복했다. 네 번째 손자가 있어서 글을 쓸 수 있는 사람들은 생각보다 많지 않다. 하나님께서 주신 복이 많다. 이제껏 쓴 글을 살피니 첫 번째, 두 번째, 세 번째보다 네 번째가 더 잘 쓴 것 같기도 하다. 마지막이기에 더 간절한 마음을 담아 글로 적었다. 중학교 도덕 선생님을 평생 하다가 정년퇴직한지라 도덕 선생님의 잔소리가 많다. 교회 장로로 신앙생활을 하고 있어 할아버지 장로의 기도가 많다. 이 책에는 좋은 할아버지가 되고 싶은 사람의 손자를 사랑하는 마음이 담겨 있다.

아름다운 신앙의 유산을 자녀들에게 남겨 주고 싶다고 기도하는데, 이 작은 책자가 지엘이가 좋은 신앙인이 되어 하나님을 기쁘시게 하는 삶을 사는 데 도움이 되면 좋겠다. 아브라함의 하나님, 이삭의 하나님, 야곱의 하나님이었듯이, 할아버지 안중섭의 하나님, 아버지 안재하의 하나님, 손자 안지엘의 하나님이 되시기를 소망한다.

2024년 9월
지엘이의 돌을 축하하면서

네 번째 손주를 기다리며

사랑하는 손주에게

엄마 배에 네가 있음을 처음으로 알았다. 아직 태명도 정해지지 않아서 무엇이라 불러야 할지 모르겠지만, 기쁜 마음으로 안부 인사를 전한다. 아빠의 정자와 엄마의 난자가 만나 수정이 이루어져서 네가 만들어졌다. 10개월 동안 엄마 배에서 자라다가, 때가 되면 우리 품에 올 것이다. 그날을 손꼽아 기다린다. 10월 말이나 11월 초가 될 것 같단다.

33년 교사 생활을 마무리하고 새로운 출발을 하는데 마음이 조금 무거웠다. 정년퇴직 이후 해야 할 일이 무엇이 있을까? 생각이 많았다. 하루에 한 시간씩 글을 쓰면 좋겠다고 생각하였는데, 사랑하는 손주를 보내 주셔서 손주에게 아침마다 기쁜 마음으로 글을 쓸 수 있겠다. 감사한 일이다. 곧 두동면 구미리로 이사를 하는데, 이사 가서 아침마다 규칙적으로 해야 할 일이 있는 것이 새로운 출발에 큰 도움이 될 것 같다. 감사한 일이다.

아윤이가 태어날 때도 좋았고, 재윤이가 태어날 때도 좋았고, 지온이가 태어날 때도 좋았다. 그렇지만 할아버지는 서울에 있고 손주들은 울산에 있어서 자주 보지 못한 아쉬움이 있었다. 하지만 이번에 태어나는 손주는 조금 다르다. 할아버지가 울산에 이사 가서 만나는 손주여서 더 자주 볼 수 있을 것 같다. 자주 보니 더 정들지 않을까 싶다. 퇴직 이후 한가한 시간에 더 많이 기도해 줄 수 있을 것이다. 기도하는 시간에 덩달아 이미 태어나 자라고 있는 손주들 기도도 할 수 있을 것 같아 좋다. 감사한 일이다.

　태명을 지어서 보내 주면 태명을 불러 가며 편지를 쓰겠다. 어느 순간 손자인지 손녀인지 구분해 다른 내용의 편지를 쓰겠다. 세상에 태어나면 이름이 주어질 테니 그 이름으로 편지를 쓰겠다. 앞으로 2년 동안 열심히 잘 적어 돌날 책을 만들어서 선물을 해야겠다. 사랑하는 사람에게 사랑의 마음을 담아 편지를 적는 일은 행복한 일이다.

　임신 기간 동안 건강하게 잘 자라게 해 달라고 간절한 마음으로 기도한다. 세상에는 건강하게 잘 자라지 못하는 아이들이 너무 많아 걱정되는데, 걱정되는 마음을 기도에 담아 하나님께 올려 드린다.

2023년 3월 1일
네 번째 손주를 기다리며, 할아버지가

쁘니에게 쓰는 첫 번째 편지

사랑하는 손주 쁘니에게

엄마 아빠가 병원을 다녀왔다. 엄마는 쁘니 심장 뛰는 소리도 들었단다. 아빠가 초음파로 찍은 쁘니 사진을 보여 주어서 할아버지도 보았다. 엄마 배에서 건강하게 잘 자라 예정일인 11월에 건강하게 잘 태어나기를 기도한다. 쁘니를 위해서 할아버지가 매일 기도하는 마음으로, 사랑 가득 담아 정성스럽게 편지를 적으리라 결심한다.

어제저녁은 온 식구가 모여 같이 식사하였다. 하늘 바람 집으로 이사하고 나서는 주말마다 식구들이 모인다. 웃고 떠들면서 식사하는 시간이 좋다. 어제는 캐나다에 사시는 아빠 외삼촌 부부가 오셔서 더 풍성한 식사 자리가 되었다. 편백 찜으로 근사한 저녁 식사도 하고, 마당에 불을 피우고 마시멜로도 굽고 고구마도 구워 먹었다. 2층에서 거실 창문 위로 빔을 쏘면 영화관이 되는데, 만화영화도 보았다.

아윤이, 재윤이가 집에 가지 않겠다고 투정을 부린다. 지온이가 2층을 여러 번 올라갔다 내려오기를 반복한다. 위험한 3층 다락방도 잘 올라가고 내려온다. 뒤를 따라다니는 것이 버거울 정도다. 할아버지가 꿈꾸던 꿈이 현실이 되었다. 감사한 일이다. 아주 많이 감사하다.

내년에는 저 자리에 쁘니도 있겠다.

지온이 태명은 "쁘띠"였다. 너의 태명은 "쁘니"란다. 할머니는 언니, 아주머니 등에 붙는 순수 우리말이 "니"인데, 쁘니가 이름처럼 예쁜 딸이면 좋겠다고 한다. 지온이가 남자이니 쁘니가 여자이면 남매로 자라 좋을 수도 있겠다. 남자여서 형제로 자라도 좋겠다.

사랑하는 하나님.
태중에 있는 쁘니를 위하여 기도합니다. 건강하게 잘 자라도록 하나님께서 지켜 보호하여 주시기를 간절히 기도합니다. 산모의 건강을 지켜 주서서 아프지 않게 하여 주시옵소서! 지금 열이 나고 컨디션이 좋지 않아서 걱정됩니다. 지온이를 양육하면서 태아를 돌보는 일이 쉽지 않은데, 기쁜 마음으로 임신 기간을 잘 보낼 수 있도록 하나님, 함께하여 주시옵소서! 예수님 이름으로 기도합니다. 아멘.

2023년 3월 18일
쁘니를 사랑하는 할아버지가

3월에 있었던 일들

사랑하는 손주 쁘니에게

3월의 마지막 날이다. 한 달 동안 많은 일이 있었다. 3월 1일부터 3월 31일 오늘까지 무슨 일이 있었는지 여러 일 중에서 중요한 순위를 매겨 본다.

첫 번째는 "쁘니"가 창조된 일이다. 아직 세상에 나오지는 않았지만 쁘니가 창조되고 있음을 알았다. 아빠 정자와 엄마 난자가 만나 작은 세포 하나가 만들어지고, 그 세포가 분열되고 분열되어서 신묘막측한 신비로 쁘니가 만들어지고 있었다. 3월에 있었던 가장 큰 일이다.

두 번째는 '하늘 바람 집'으로 이사 온 일이다. 정년퇴직 이후 여러 계획이 있었는데, 울산으로 내려와서 전원주택을 짓고 사는 일로 결정이 났다. 몇 년 전부터 땅을 사고, 설계하고, 건축업자를 만나고… 긴 시간 끝에 집이 완성되어 이사하였다. 이사해서 지낸 일들은 여러 번 적었다. 두 번째 중요한 일이다.

세 번째는 아침 시간이 정확하게 세팅되어서 지내는 일이다. 할아버지에게 중요한 일이어서 세 번째로 뽑았다. 5시 전에 일어나서 커피를 내려서 한 잔 마시고, 경건 서적을 읽으며 묵상과 기도로 생각을 정리한다. 성경 4장을 읽고 새롭게 배운 점을 글로 정리한다. 그리고 쁘니에게 편지를 쓰고 나면 7시 전후가 된다. 이후 치술령 계곡을 오르기도 하고, 마을을 한 바퀴 돌기도 하며 9시까지 운동한다. 한 달을 이렇게 지냈으니 앞으로도 이렇게 지낼 것 같다.

네 번째는 쁘니네 식구들 아빠, 엄마, 지온이가 코로나19 걸려서 아팠던 일이다. 가족 중에 아픈 사람이 있으면 속상하다. 주말마다 아윤이와 재윤이를 만나는 기쁨을 누리는 것도 3월에 생긴 변화다. 3층 다락방을 오르고 내리며 좋아하고, 잔디밭을 뛰어다니며 비눗방울 놀이하길 좋아하고, 캠프파이어를 하면서 마시멜로를 구워 먹으며 좋아한다. 여러 손님이 오셨다. 이모할머니 부부와 윤미 이모도 오셨고, 아빠 외삼촌 부부도 오셨고, 하경이 삼촌 부부도 오셨고, 남궁소영 할머니도 오셨고, 익중이 할아버지 부부는 자주 오시고, 두동성산교회 목사님과 성도들도 자주 오시고… 그런 일들이 있었다.

2023년 3월 31일
쁘니를 사랑하는 할아버지가

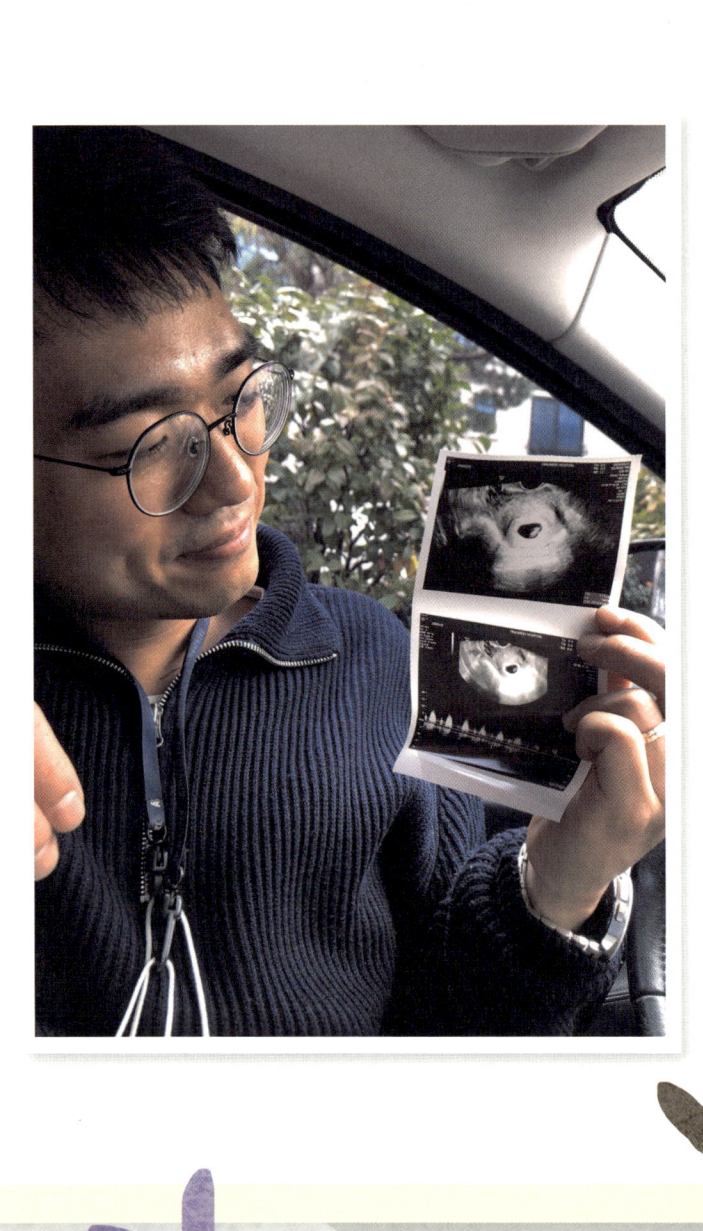

내 삶을 이끌어 오신 하나님

사랑하는 손주 쁘니에게

4월의 첫날이다. 쁘니를 만날 날이 조금씩 가까워진다. 4월이 지나고, 5월이 지나고… 11월이 되면 쁘니를 만난다. 건강하게 잘 자라 11월에 기쁜 모습으로 만나자.

서울에서 KTX를 타고 노 박사님 부부와 길동이 할아버지, 기숙이 할머니가 '하늘 바람 집'에 오셨다. 서울에서 오시는 손님을 맞이하는 루틴이 있는데, 울산역에서 만나 '섬뜰'에서 점심을 먹고 대왕암을 산책하는 것부터 시작이다. 울산 시내를 지나 대왕암으로 가는 길이 좋다. 현대 자동차, 현대 조선소가 있어서 울산의 모습을 잘 보여 준다. '하늘 바람 집'에서 저녁 식사하는 것이 다음 일정이다. 비가 오면 편백 찜을 하고, 날씨가 좋으면 정원에서 바비큐를 하는데, 어제는 바비큐 파티하였다. 식사 후에는 화로에 불을 밝히고 캠프파이어를 한다. 사방은 어두운데 달빛이 비치고 불은 타오르고 기타 반주에 맞추어서 노래를 부르는데, 그림이 멋지다.

먼 이국에서 수고하신 선교사님 부부가 오셔서 오늘처럼 지내시면 좋겠다는 생각이 든다. 작은 위로가 되지 않을까? 다음 날은 가까운 경주를 여행하거나 부산을 여행하면 좋을 것 같다. 1박 2일 좋은 휴식 시간을 선물하는 사역을 하면 우리 하나님이 좋아하시지 않을까? 그 마음을 주신다. 얼마나 좋을까! 오래전에 퇴직하면 발리에 가서 비슷한 사역을 하고 싶다고 기도했는데, '하늘 바람 집'에서 응답이 되는 것 같다.

선교사님 부부가 오셔서 묵는 날, 아윤이와 재윤이와 지온이와 쁘니가 와도 좋겠다. 책에서만 보았던 선교사님들을 만나고, 선교사님들이 어떻게 사시는지 직접 이야기를 듣고 자라면 좋지 않을까? 선교사님들이 해 주시는 축복 기도가 우리 손주들의 삶을 바른 방향으로 이끌 것 같다.

하나님께서 할아버지 삶을 이끌어 오시는 것이 순간순간 믿어져서 얼마나 감사한지 모르겠다. 평생 선생님 역할을 잘 감당하게 하시고, 퇴직 이후에 또 새로운 일을 맡겨 주신다. 감사한 일이다. 쁘니의 삶도 가장 좋은 길로 인도해 주시기를 기도한다.

2023년 4월 1일
쁘니를 사랑하는 할아버지가

사랑받는 사람에서
사랑하는 사람으로

사랑하는 손주 쁘니에게

　엄마 뱃속에 있는 쁘니가 외할아버지, 외할머니, 엄마와 같이 할아버지 집에 왔다. 아이가 뛰어다니니 좋다. 지온이가 붕붕카를 타고 다니고, 2층 계단을 오르락내리락 다니고, 마당에서 공을 차며 놀고, 저수지까지 산책하며 다니고… 즐겁게 노는 모습을 보니 행복하다. 같이 밥 먹는 시간도 좋았다. 지온이가 밥도 맛있게 잘 먹는다. 할머니가 정성스럽게 준비한 식사를 하면서 좋았다. 내년에는 아직 어리고 후년에는 쁘니도 지온이처럼 놀지 않을까? 그날이 그려진다. 상상된다. 얼마나 좋을까!

　외할아버지와 외할머니가 지온이를 대하는 모습에 사랑이 가득하다. 세상에 사랑할 사람이 지온이 밖에 없는 것처럼 지온이를 사랑한다. 손주가 얼마나 예쁜지 할아버지도 아는데, 할아버지보다 더 좋아한다. 아마 쁘니도 그렇게 사랑하실 것이다. 쁘니가 태어나면 가장 많이 사랑해 주실 분 중의 한 분이다. 지온이와 쁘니가 여러 사람에게 사랑받으며 자라서 좋다.

　공사하러 오신 분들이 계셨는데 지온이가 인사를 잘한다. 잘생긴(?) 지온이가 반갑게 인사하니 활짝 웃으시면서 좋아하신다. 주변 사람을 행복하게 만드는 지온이다. 감사하다. 지온이가 많은 사람을 사랑하고 많은 사람에게 사랑받으며 자라게 해 달라고 기도하는데, 지온이가 기도대로 잘 자라는 것 같다. 쁘니도 많은 사람을 사랑하고 많은 사람에게 사랑받으며 자라기를 기도드린다. 그렇게 하여 주실 하나님이 믿어진다.

  사랑하는 하나님.
  아윤이, 재윤이, 지온이, 쁘니 우리 손주들이 예수님을 닮아 많은 사람을 사랑하며 사는 사람이 되면 좋겠습니다. 많은 사람에게 사랑받으며 자라서, 많은 사람을 사랑하는 사람으로 살아가게 하여 주시옵소서! 우리 손주들 때문에 우리 사는 세상이 조금 더 좋은 세상이 되게 하여 주시옵소서! 그렇게 살아갈 수 있도록 우리 손주들의 삶을 축복하여 주시옵소서! 좋은 본을 보이는 부모들이 되게 하여 주시옵소서! 감사합니다.
  예수님의 이름으로 기도합니다. 아멘.

2023년 4월 12일
쁘니를 사랑하는 할아버지가

점점 더 좋아지는 삶

사랑하는 손주 쁘니에게

엄마 뱃속에 있는 쁘니를 만나고 왔다. 가까운 곳에 살아 자주 만날 수 있어서 좋다. 지온이를 임신했을 적엔 멀리서 살아 지온이가 엄마 뱃속에 있는 모습은 몇 번 보지 못하였다. 또 지온이가 태어나고부터는 직접 만나기보다 동영상과 사진을 통해 자라는 모습을 보았는데, 쁘니가 자라는 모습은 직접 볼 수 있을 것 같다. 엄마 뱃속에 있는 모습도 자주 보았는데 태어난 이후의 모습도 자주 보게 되지 않을까? 태어나고, 기고, 걷고, 말하고…. 그 소중한 시간을 같이 보낼 수 있다. 감사하다.

엄마가 준비한 저녁 식사를 하는데 감사하였다. 며느리와 이렇게 친하게 지내는 집들은 많지 않다. 할아버지와 할머니, 엄마와 지온이, 네 식구가 같은 식탁에 앉아서 밥을 먹는데 행복했다. 지온이가 얼마나 똑똑하게 예쁘게 잘 자라는지 모르겠다. 몇 시간 같이 있는데 보는 내내 행복했다. 쁘니가 태어나면 얼마나 더 좋을까? 쁘니는 또 얼마나 똑똑할까? 기대된다.

지금까지 살아오면서 가장 행복한 시간 중의 하나가 지금이다. 대학에 입학했을 때도 좋았고, 결혼할 때도 좋았고, 취직할 때도 좋았고, 고모가 태어나고 아빠가 태어날 때도 좋았고, 집을 사서 이사 갈 때도 좋았고… 순간순간 좋았던 시간이 많았지만 지금이 가장 좋다.

내년에는 더 좋지 않을까? 나이 들어 건강에 무리가 생겨서 병원에 입원하지 않는다면 점점 더 좋아지는 시간이 되지 않을까? 적어도 10년은 더 좋을 것 같다. 20년 뒤도 좋지 않을까? 얼마나 감사한지 모르겠다! 하나님 주신 복이 많다.

하나님께서 주신 복이 많은데 무엇으로 갚아야 하나? 나 혼자 행복하게 잘 사는 것으로 만족하면, 너무 이기적이다. 하나님께서 원하시는 삶이 아니다. 내가 기뻐할 때, 슬픔에 빠진 이웃을 생각하며 살아야 한다. 세상을 변화시키지는 못하지만, 주어진 삶의 자리인 두동성산교회를 하나님 좋아하시는 모습으로 만들어 갈 생각을 한다. 이 정도 믿음이 자란 것이 감사하다. 얼마 전만 하여도 나만 생각하는 어린 신앙이었는데, 믿음이 자란다.

2023년 4월 21일
쁘니를 사랑하는 할아버지가

GSM 선한 목자 선교회 선교대회

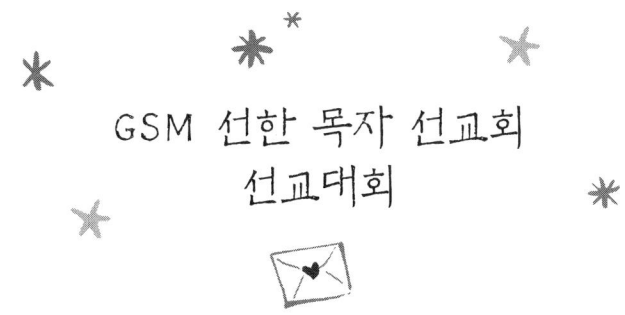

사랑하는 손주 쁘니에게

2주 동안 선교대회에 참석하느라 편지를 쓰지 못하였다가 다시 일상으로 돌아왔다. 다음 주에는 발리 한인교회 탐방이 있어 또 한 주간 편지를 쓰지 못하겠다. 4월이 빠르게 지나갔는데 5월도 빠르게 지나갈 것 같다. 쁘니를 만날 날이 점점 다가온다.

전방 선교사와 후방 선교사가 같이 모여 2박 3일 동안 1:1 동역 선교 전략 세미나를 불가리아 소피아에서 열었다. 전방 선교사의 선교 보고를 듣는 시간이 좋았다. 1990년에 공산주의가 무너지면서 갈 수 없었던 동유럽 땅에도 복음의 문이 열렸다. 많은 선교사가 동유럽 땅을 밟았다. 30여 년 동유럽에서 살아오신 선교사님의 이야기는 사도행전의 연속이었다. 30여 명의 전방 선교사님들 한 분 한 분의 간증이 감동으로 남아 있다. 동유럽 땅에 뿌려진 복음의 씨앗이 열매 맺기를 기도하였다.

세미나 이후 4박 5일 동안 그리스 선교지 전략 투어와 5박 6일 동안 튀르키예 기도 순례 여정이 이어졌다. 사도 바울이 선교하였던 선교지를 다니며 성경에 나와 있는 여러 장소를 직접 방문하여 다니는 것은 새로운 감동이다. 사도 바울 선생님이 복음을 전하고 편지를 보냈던 교회를 보았다. 빌립보 교회, 데살로니가 교회, 고린도 교회, 에베소 교회…. 성경을 다시 읽으면 새로운 시각으로 보일 것 같다. 그리스 아테네의 파르테논 신전도 좋았다. 세계 문화유산 1호라는데 설명을 들으니 충분한 이유가 있다. 튀르키예 지하 도시는 한 번 가 본 적이 있었는데 다시 보아도 감동이다.

40여 명의 후방 선교사들이 함께 다닌 여행이었는데, 한 분 한 분에게서 그리스도의 향기가 난다. 나보다 남을 낫게 여기는 귀한 사람들이 모여서 다닌 여행은 그 자체가 감동이었다. 좋은 사람들을 만나는 기쁨이 가득하였다.

GSM 선한 목자 선교회가 귀한 선교 단체다.
자녀들도 이 귀한 선교 사역에 동역하면 좋겠다.
선교 보고는 앞으로도 여러 번 이야기할 것 같다.

2023년 5월 8일
쁘니를 사랑하는 할아버지가

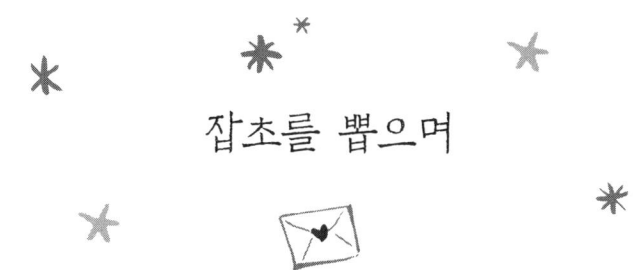

잡초를 뽑으며

사랑하는 손주 쁘니에게

엄마 뱃속에 있는 쁘니를 만나고 왔다. 다음 주쯤에는 쁘니가 남자인지 여자인지 안다고 한다. 남자여도 좋고 여자여도 좋겠지만, 지온이가 남자이니 쁘니는 여자이면 좋겠다는 생각이 있다. 지온이와 몇 시간 같이 있었는데 총명함이 있다. 말은 하지 못하면서 알아듣는 것은 다 알아듣는다. 색을 분별하고, 알파벳을 기억하고, 음의 차이를 안다. 책을 읽다가 "공"이라는 단어가 나오니 거실에서 '공'을 주워 온다. 책에는 축구공이 나오고 거실에 있는 공은 작은 야구공인데, 어떻게 같은 공이라는 것을 아는지 모르겠다. 똑똑하다.

지온이가 첫 아이여서 식구들에게 큰 사랑을 받고 자라는데, 쁘니는 둘째 아이여서 덜 사랑받을 것 같다. 한번 보았던 일이어서 쁘니가 재롱을 부려도 덜 신기해할 것 같고, 총명함을 보여도 지온이 때처럼 놀라지 않을 것 같다. 쁘니를 특별히 더 사랑하리라 다짐한다. 첫 아이인 지온이에게 마음이 가더라도 둘째 아이인 쁘니에게 더 마음을 두겠다고 다짐한다. 마음이 먼저이다. 마음이 가면 행동이 가고, 행동이 많아지면 습관이 된다. 습관이 될 때까지 쁘니를 사랑하리라 다짐한다.

정원에 잡초가 무성하여서 아침 시간 잡초를 뽑았다. 2주 전에는 없었는데 많이 자랐다. 싹이 나는 어린 잡초는 뽑기 쉽다. 아직 뿌리를 내리지 않아서 적은 힘으로도 쉽게 뽑힌다. 이미 뿌리가 내린 잡초는 힘을 주어도 뽑히지 않는다. 어린싹을 뽑는 것은 쉬운데 자란 싹을 뽑는 것은 어렵다. 잡초를 뽑으면서도 인생을 생각한다. 평생 선생으로 살아와서 작은 일을 보면서 교훈거리를 생각한다. 잡초의 삶과 인생은 비슷한 점이 있다. 어릴 때는 쉬운데 나이 들면 어렵다. 그래서 어린 시절에 좋은 습관을 지니는 것이 중요하다. 한번 뿌리를 내리면 고치기가 쉽지 않기 때문이다. 우리 손주들이 어린 시절부터 좋은 습관을 지니고 자라면 좋겠다. 한번 습관이 들면 계속하기가 쉽다.

2층 서재에서 내려다보면 논이 보인다. 메말랐던 논에 물을 대기 시작하였다. 다음 주에 모내기하면 논에서 모가 자라는 모습을 2층 서재에서 1년 내내 볼 수 있을 것 같다. 자세히 적어 주마! 기대된다.

**2023년 5월 10일
쁘니를 사랑하는 할아버지가**

성경이 사랑하는 둘째 아들

사랑하는 손자 쁘니에게

쁘니가 남자임이 확인되어서 오늘부터는 "사랑하는 손주 쁘니"가 아니라, "사랑하는 손자 쁘니"로 시작하는 글을 쓴다. 쁘니가 여자아이면 손녀가 2명, 손자가 2명이 되는데 쁘니가 남자아이여서 손녀가 1명, 손자가 3명이다. 손녀보다 손자가 더 많다. 다음에는 아빠 엄마가 이름을 지으면 쁘니라는 태명 대신 이름을 부르며 글을 쓰겠다.

할아버지도 장자이고, 아빠도 장자이고, 지온이도 장자인데 쁘니만 첫째 아들 장자가 아니고 둘째 아들이다. 우리나라는 장자를 우대하는 문화가 있는데 성경은 조금 다르다. 이스라엘 문화도 장자를 우대하는데 하나님은 다르시다. 장남보다 차남을 더 좋아(?)하시는 것 같다. 이삭에게 두 아들이 있었는데 첫째 아들 에서가 아니라 둘째 아들 야곱을 통하여서 이스라엘 역사를 이어 가셨다. 야곱에게 열두 아들이 있었는데 요셉은 맏아들이 아니었다. 모세도, 다윗도 맏아들이 아니었다. 둘째 아들인 쁘니를 통하여서 이루어 가실 하나님의 역사가 기대된다.

쁘니가 엄마를 닮은 예쁜 공주였으면 좋겠다고 생각한 적이 있었다. 하나님의 생각과 우리 생각이 다를 때, 하나님이 옳으시다고 믿는 것이 우리의 신앙 고백이다. 둘째 아들인 쁘니를 통하여서 성경 역사처럼 위대한 일을 이루실 하나님을 기대한다.

사랑하는 하나님.

성경 속의 위대한 인물들인 야곱도 요셉도 모세도 다윗도 맏아들이 아니었습니다. 우리 쁘니도 맏아들이 아니지만, 야곱처럼, 요셉처럼, 모세처럼, 다윗처럼 하나님께서 귀하게 사용하여 주시옵소서! 부모들이 우리 쁘니를 하나님의 뜻에 맞게 바르게 잘 양육하도록 하나님께서 믿음에 믿음을 더하여 주시옵소서!

예수님의 이름으로 기도합니다. 아멘.

2023년 5월 13일
쁘니를 사랑하는 할아버지가

선교와 관련된 삶

사랑하는 손자 쁘니에게

지금 옆방에서 쁘니가 자고 있다. 아빠 엄마 지온이가 할아버지 집에 와서 자고 있으니, 엄마 뱃속에 있는 쁘니도 할아버지 집에서 자는 거다. 뱃속에 있을 때부터 자주 다녀서 쁘니가 할아버지 집이 익숙하면 좋겠다. 몇 번 왔었는데 익숙한 장소가 아닌지 지온이가 낯설어하는 것 같다. 다행히 금방 적응하였지만.

동안교회 목사님, 장로님들과 발리 비전센터 헌당 예배를 드리기 위하여서 발리를 다녀왔다. 발리와 소순도 열도, 더 나아가 인도네시아와 동남아 선교를 위한 복음 전파의 기지 역할을 할 장소가 준비되었다. 가나다라 유치원, 한국어 학당이 운영되고 있고 사역의 범위를 넓혀 갈 예정이다. 선교지에서 벌어지는 일들은 언제나 감동이다. 전방에서 일하시는 선교사님들을 만나 이야기를 들으면 가슴이 뛴다. 선교지를 다닐 때마다 어떤 식이든지 선교와 관련된 삶을 살아야 한다는 생각을 많이 한다. 삶의 현장을 하나님 나라로 만들어 가는 일이 우리 사명이다. 한 달 정도 발리에 와서 살아 보는 일도 좋을 것 같다. 고민해 보아야겠다.

동안교회 청년 7명이 봉사자로 발리 한인교회와 발리 비전센터 사역을 돕고 있는데 보기 좋았다. 청년의 때에 6개월의 시간을 복음을 위하여서 사용하고 있는데 하나님께서 저들의 삶을 축복하여 주시기를 간절히 기도하였다. 아윤이 재윤이 지온이 쁘니가 자라서 저들처럼 선교지에서 단기 사역자로 봉사하는 모습을 상상해 본다. 우리 손주들이 건강하게 잘 자라서 믿음의 일꾼들이 되기를 기도한다.

  사랑하는 하나님.
  좋은 믿음의 사람들을 보면 우리 손주들도 저 사람들처럼 근사한 하나님의 사람으로 자라면 좋겠다는 생각이 듭니다. 욕심을 가지고 기도합니다. 우리 아윤이 재윤이 지온이 쁘니가 하나님께서 귀중하게 사용하시는 하나님의 사람이 되게 하여 주시옵소서! 가장 좋은 길로 우리 손주들의 삶을 인도하여 주시옵소서!
  예수님 이름으로 기도합니다. 아멘.

2023년 5월 20일
쁘니를 사랑하는 할아버지가

약수교회 강창규 목사님

사랑하는 손자 쁘니에게

엄마 뱃속에 있는 쁘니를 만나고 왔다. 코스트코에서 장을 보면서 쁘니네 장도 같이 보고 물건을 전달해 주러 갔었다. 지온이가 잘 지내는 모습을 보면서 행복했다. 아직 말하기는 서툰데 듣기는 완벽하다. 어른들 이야기를 듣고 손짓 발 짓과 표정으로 자기 의사를 표현하는데 그 모습이 너무 예쁘다. 평생 가슴에 담아 두고 싶은 예쁜 모습이다. 지온이 다음에는 쁘니가 이렇게 지내겠지? 그 모습을 기대한다.

동유럽 선교대회에서 이용범 선교사님의 옆자리에 우연히 앉게 되어서 이야기를 나누며 교제했었다. 대구분이신데 울산에 친한 친구가 있다고 하여 소개받았다. 그렇게 북구 약수교회에 시무하시는 강창규 목사님을 만났다. 평생 text를 가르쳤는데 context를 이해하고 가르치지 못해서 복음이 힘을 잃었다는 이야기가 공감되었다. 울산 콩그레가시옹 모임에서 목회자 10여 명과 매월 그 고민으로 책을 읽고 세미나를 열고 있다는 말씀도 좋았다. 울산에서 목회하시는 분들은 보수주의자들이 많으신데, 특별하게 광주 5.18에 관한 책도 읽으신다. 말이 통하는 목사님을 만나서 좋았다.

경주 외동공단 지역에 외국인 노동자를 위한 한글학교를 운영하고 계시는 목사님과 동역하신다는 이야기를 듣고, 할아버지 마음이

동하였다. 과부와 고아와 이방인을 돌보라는 것이 하나님의 명령인데 이 땅에서 사는 외국인 노동자를 돕는 사역은 하나님께서 좋아하시는 사역이다. 다음 주 토요일에 방문하기로 하였는데 할아버지가 할 만한 일이 있을 것 같다.

콩그레가시웅 모임을 하시는 목사님들을 집으로 초대하여 식사하고 싶다. 교제하고 싶은 목사님들이시다. 다음 달 모임은 우리 집에서 해도 좋겠다. 한글학교를 운영하시는 분들을 만나면 또 다른 여러 아이디어가 있을 것 같다. 하나님께서 이런 계획들이 있으셔서 할아버지를 울산으로 부르셨나 싶기도 하다. 할머니와 신기(?)하다고 이야기하였다. 그다음 단계에 무슨 일이 어떻게 진행될지 모르겠으나 하나님의 손길이 느껴진다. 감사한 일이다. 울산으로 내려와서 일어나는 모든 과정을 쁘니가 알 터인데, 나중에 할아버지가 하는 신앙 간증에 쁘니가 증인이 되겠다. 좋은 간증이 되면 좋겠다고 기도한다.

2023년 5월 24일
쁘니를 사랑하는 할아버지가

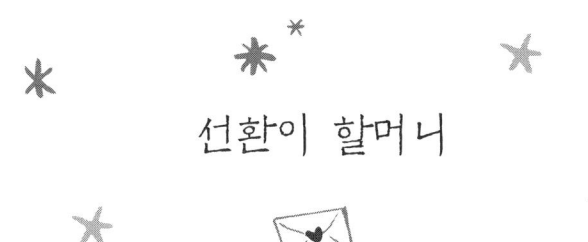

선환이 할머니

사랑하는 손자 쁘니에게

오후에 쁘니를 만나러 간다. 쁘니가 잘 자라고 있는지 보러 엄마가 병원에 가는 날인데, 할아버지는 지온이랑 있으려고 같이 간다. 저녁에는 온 식구가 강화 할아버지 댁에 가는데 울산역까지 데려다주기로 하였다. 오후에는 지온이도 보고 쁘니도 볼 수 있다. 내일 제주도 여행을 가는 아윤이와 재윤이가 저녁에 할아버지 집에 와서 자기로 하였다. 보고 싶은 손주들을 만나는 즐거운 주말이다. 주말마다 손주들을 볼 수 있어서 너무 좋다.

할머니의 가장 절친인 선환이 할머니가 다녀갔다. 새벽기도가 끝나자마자 기차 타고 내려와서 오후 늦은 시간까지 같이 있었다. 할머니 중학교 동창이니 50년 사귄 친구이다. 늘 그랬듯이 대왕암에 갔다가 '섬뜰'에서 점심 식사하고, 집도 구경하고, 저수지 산책하고, 이야기 나누다가 저녁 식사하고, 두동 성산교회까지 구경하고 서울로 올라갔다. 여러 사람이 우리 집에 왔었는데 그중 가장 좋아하는 사람이다. 당황할 정도로 좋아하여 준다.

멀리 보이는 영남 알프스 산들이 좋다고 하신다. 가까이 보이는 야산의 푸르름이 좋다고 하신다. 논에서 자라는 모도 좋고, 정원의 잔디도 좋고, 나무도 좋다고 하신다. 저수지 산책길도 좋고, 주변의 고요함도 좋다고 하신다. 1층 거실과 식당도 좋고, 2층 손님방도 좋고, 발코니도 좋고, 서재도 좋고, 다락방도 좋다고 하신다. 하나님께서 주신 축복이라고 하는데 할아버지도 동의한다. 나만 좋은 것이 아니라 다른 사람도 좋다고 하니 더 좋다. 어려웠던 지난날들 이야기를 나누는데 행복한 오늘이 더 감사하였다.

이사 온 지 3달이 되어 가니 좋았던 처음의 감격이 조금씩 사라지고 있었다. 선환이 할머니 이야기를 들으니 그 감사의 마음이 되살아났다. 사람의 마음이 간사하다. 감사하는 마음이 계속되지 않는다. 불평의 마음이 조금씩 들었는데, 좋아하는 사람 이야기를 들으니 감사의 마음이 되살아난다. 감사하는 사람 이야기를 들으면 더 감사하게 되는 것이 아닐까? 하나님 은혜도 비슷하지 않을까? 구원받고 좋았던 날이 있었는데 시간이 지나면서 밋밋해진다. 하나님 은혜에 감사하였던 날들이 있었는데 은혜는 잊어버리고 원망할 일만 생각한다. 어리석은 사람이다. 현명하게 감사를 연습할 일이다. 지혜롭게 은혜를 기억할 일이다.

2023년 5월 26일
쁘니를 사랑하는 할아버지가

하나님께 쓰임받는 기쁨

사랑하는 손자 쁘니에게

쁘니가 잘 지내는 모습은 볼 수 없지만, 지온이가 잘 지내는 모습은 사진으로 본다. 엄마가 고맙게도 강화에서 지내는 지온이 사진을 자주 보내 준다. 지온이가 잘 지내고 있으니 덩달아 쁘니도 잘 지내고 있겠지? 지온이만 있는 사진도 좋은데 쁘니와 둘이 있으면 더 좋겠지? 그날을 기다린다.

지난주에는 욱영이 할아버지 부부와 선환이 할머니와 이해원 집사님 부부가 다녀가셨다. 월요일에는 동안교회 국장님 부부가 하룻밤 묵었다 가셨고, 목요일에는 할머니가 다니는 영도교회 친구들이 오기로 하였다. 일주일에 한 팀이나 두 팀이 오신다. 다음 주에도 예약이 되어 있다. 주로 서울에 사는 분들이 오시는데 하룻밤 묵어가시면서 너무들 행복해한다. 울산 바닷가 대왕암에 가고, 경주를 구경하는 것을 좋아한다.

우리 집을 참 좋아하신다. 자연환경이 좋아서 가만히 있어도 힐링이 된다고 하신다. 바람 소리, 새 소리, 개구리 소리…. 모든 소리가 소음이 아니라 생명의 소리로 들린단다. 어디를 보아도 가득한 연초록으로 물든 자연이 눈을 정화한단다. 멀리 보이는 높은 산과 가까이 보이는 언덕과 논에서 자라는 모와 언덕에 있는 저수지와 산책길이 완벽하게 아름답다고 한다. 감사한 일이다. 할머니가 정성스럽게 준비한 편백 찜 저녁 식사도 좋고, 미국식 아침 식사도 호텔보다 낫다고 칭찬하신다. 커피 맛도 최고라고 감탄하신다. 식탁에 둘러앉아 이 이야기 저 이야기하는 시간도 감사한 시간이다. 이렇게 지낼 수 있어서 감사하다. 손님으로 와도 좋을 텐데 주인으로 대접할 수 있어서 더 좋다. 하나님께 쓰임받는 느낌이다. 하나님께서 더 잘 사용하여 주시기를 기도한다.

지금까지는 잘 아는 분들이 오셨는데, 잘 모르는 분들도 오실 수 있으면 좋겠다. 할아버지 바람처럼 선교지에서 수고하셨던 선교사님들이 오셔서 안식을 누리고 가시면 좋겠다. 선교사님들이 오셔서 기뻐하시는 모습들이 그려진다. 여기에서 손님 접대하는 이 일만 잘하여도 하나님께서 칭찬하시지 않을까? 하나님께 쓰임받는 기쁨이 있다. 쁘니에게 할아버지처럼 살라고 이야기할 수 있는 그런 멋진(?) 삶을 사는 것 같아서 좋다.

2023년 5월 31일
쁘니를 사랑하는 할아버지가

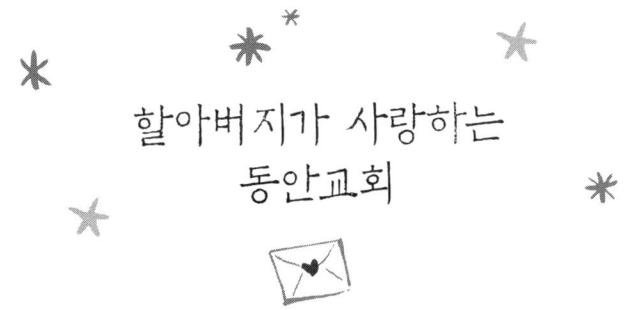

할아버지가 사랑하는 동안교회

사랑하는 손자 쁘니에게

울산에는 비가 많이 왔는데 강화에도 비가 왔니? 외할아버지 외할머니 외삼촌과 재미있게 잘 지내고 있니? 어제는 무엇을 하였니? 오늘은 무엇을 하니? 지난주 금요일에 강화에 갔으니 벌써 일주일이 지났다. 빠르게 흘러가는 시간이다.

장로 후보 선출을 위한 당회가 열려서 서울에 갔다 왔다. 12시에 떠나서 당회를 끝내고 다시 울산에 오니 새벽 2시였다. 바쁜 하루를 보냈다. 마을에서 추천하고 본인이 지원서를 제출한 34명 중에 목사님들과 장로님들이 20명을 뽑아 공동의회에 공천하면, 교인들이 투표하여 2/3 이상 표를 얻은 10명이 장로가 된다. 지난번에는 뽑고자 하는 인원만큼만 당회에서 공천하여 공천받은 사람들이 다 장로가 되었는데, 이번에는 2배수가량 공천하여 2/3 이상 표를 받기가 쉽지 않을 것 같다.

20명을 공천하는데 당회에서 표를 많이 얻은 순서대로 투표지에 인쇄된다. 보통 앞 순서에 있는 분이 당선되는 경우가 많다. 1번은 당선될 확률이 누구보다 많다. 이번에 1번을 받은 후보자는 할아버지가 교회학교에서 가르쳤던 학생이었다. 후보자가 고등학교 3학년 때 할아버지가 담임 선생이었다. 할아버지 제자가 장로가 될지도 모른다. 세월이 많이 흘렀다. 빠르게 흘러가는 시간이다. 아직도 마음은 청춘인데 여기저기서 세월이 많이 흘렀음을 알게 되는 사건들이 생긴다. 이번 장로 선거도 그렇다.

할아버지가 중학생 때의 담임 선생님이 선배 장로님으로 계신다. 할아버지 제자가 장로가 되어 당회에 들어오면 선생님과 제자로 3대가 연결된다. 동안교회의 전통이다. 어려서부터 동안교회에 다닌 사람만 동안교회 장로가 되는 것은 옳지 않지만, 동안교회 전통을 이어 가는 몇 사람이 있어도 좋겠다는 생각이다. 나이 든 사람의 생각인가? 할아버지가 나이가 들어 생각도 나이 든 생각을 하는 것은 아닌가? 반성한다.

할아버지가 사랑하는 동안교회가 좋은 교회로 계속 발전해 가면 좋겠다. 좋은 목사님이 계셔야 하고, 좋은 장로님들이 계셔야 교회가 발전할 수 있다. 이번 장로 선거에 좋은 장로님들이 잘 뽑히게 해 달라고 기도한다. 몇 년 지나면 담임 목사님이 은퇴하셔서, 새 담임 목사님을 모셔야 하는데 좋은 목사님이 오시기를 기도한다.

2023년 6월 2일
쁘니를 사랑하는 할아버지가

할아버지를 울산으로 부르신 하나님

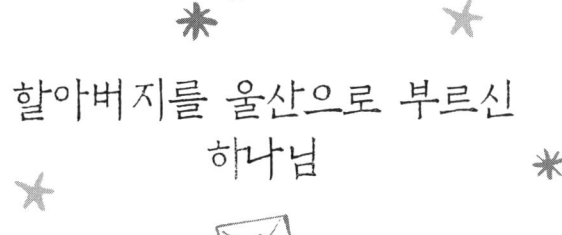

사랑하는 손자 쁘니에게

엄마가 보내 준 '지온이가 식사 기도하는 사진'을 보면서 얼마나 좋았는지 모른다. 그 진지한(?) 표정이 너무 예쁘다. 우리 쁘니도 형님을 닮아 기도하면서 자라겠지? 두 형제가 손 모아 기도하는 모습을 상상해 본다. 얼마나 좋을까? 얼마나 예쁠까? 손꼽아 그날을 기다린다. 머지않았다.

선한 목자 선교회를 만드신 황 목사님 이야기를 할머니와 나누며 우리 집도 그럴 수 있으면 좋겠다는 바람이 생겼다. 선교사님을 후원하기 위해서는 물질의 필요가 있다. 가난한 목사님이 믿음은 있으시나 물질은 없으시다. 아들 장로님의 사업을 통하여서 하나님께서 물질을 부어 주셨다. 재정의 많은 부분을 아들 장로님이 부담하고 계신다.

가난한 이방인을 위한 선교회가 만들어지면 물질의 도움이 필요한데, 사위나 아들의 사업을 통하여 하나님께서 물질의 복을 부어 주셔서 재정을 부담케 되는 은혜가 있으면 좋겠다. 기도가 절로 나온다.

울산 북부 경주 외동 지역에 외국인 근로자들이 많이 있다. 저녁 식사를 대접하면서 한국어 학교를 운영하면 많은 외국인이 오지 않을까? 와서 한국어를 배우면서 복음도 받아들이게 되지 않을까? 저들이 자기 나라로 돌아가서 선교사 역할을 감당하지 않을까? 언제 이루어질지 모르지만, 할아버지는 그런 꿈을 꾼다. 그 일은 이루어져야 할 일이다. 하나님께서 우리에게 맡기신 일이다. 기도하면서 준비한다.

월요일에 목사님들이 모여서 공부하는 모임에 초대받았다. 청소년 복음 전도에 관한 사례 발표를 부탁받아 준비 중이다. 강 목사님 이야기를 들어 보니 의식 있는 목사님 모임 같은데, 좋은 만남이 되고 좋은 교제의 장이 열리면 좋겠다. 한 번의 만남으로 끝나지 않고 지속적인 만남이 이루어지면 하나님께서 좋아하시는 일을 여기서도 할 수 있지 않을까? 기도하면서 준비한다.

두동성산교회도 좋았고, 한국어 학교도 좋았고, 목사님 모임도 좋았다. 하나님께서 할아버지에게 같이 하자고 하는 일들이 여러 가지 있는 것 같다. 울산으로 부르신 하나님의 뜻이 이루어지기를 기도한다. 가족들을 위한 기도가 전부였는데 기도의 영역이 넓어진다. 감사한 일이다.

2023년 6월 14일
쁘니를 사랑하는 할아버지가

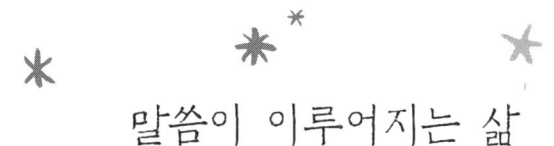

말씀이 이루어지는 삶

사랑하는 손자 쁘니에게

지온이가 마이크를 가지고 재미있게 노는 사진을 보면서, 마이크를 좋아하니 나중에 마이크 사용하는 직업을 가지면 좋겠다고 생각했다. 할아버지가 별생각 다 하지? 30년 뒤 이야기인데 그 모습을 볼 수 있을지 모르겠다. 쁘니는 무엇을 좋아할까? 쁘니는 무슨 직업을 가지고 세상을 살아갈까? 멋진 하나님의 사람으로 살아가기를 기도한다.

새벽마다 성경 읽고 묵상한 글을 장로 카톡 방에 올린다. 오늘 나에게 하시는 하나님 말씀은 무엇일까? 기대하는 마음으로 읽는다. 시편 66편 16절 후반부 "하나님이 내 영혼을 위하여 행하신 일을 내가 선포하리로다!" 말씀을 읽는데 마음이 뜨거웠다. 하나님께서 할아버지 인생에 베풀어 주신 은혜가 너무 많다는 생각이 물밀듯 밀려오는데 감사가 넘쳤다. 혼자 성경을 읽으면서 행복해하였다.

하나님께서 보시기에 심히 좋은 삶을 살고 싶었다. 좋은 아빠가 되고 싶다고 기도하였는데 비슷하게 이루어지는 것 같다. 좋은 선생님이 되고 싶다고 기도하였더니 몇 명의 제자들에게는 영향을 끼쳤다. 좋은 장로가 되고 싶다고 기도하였더니 이루어지는 부분이 있다. 이렇게 좋은(?) 삶을 살 수 있는 자격이 없는데 좋은 삶을 살게 하여 주셨다. 그 은혜가 너무 감사하여서 울컥하였다. "지금까지 지내 온 것, 주의 크신 은혜라"라는 찬송가가 있는데 할아버지 지금 심정이랑 똑같다. 아직도 항상 은혜 넘치는 삶은 아닌데, 오늘 아침은 은혜가 넘친다.

좋은 것을 보면 자녀들이 생각난다. 딸과 사위와 아들과 며느리가 나처럼 은혜 넘치는 삶을 살게 하여 달라고 기도하였다. 아윤이 재윤이 지온이 쁘니, 사랑하는 손주들이 하나님 기뻐하시는 멋진 삶을 살게 하여 달라고 간절히 기도한다. 이 간절한 기도도 하나님 들으시고 응답해 주실 것이 믿어진다. 그것이 감사하여서 또 울컥한다. 말씀 읽고 기도하는 새벽 한 시간이 부흥회 시간이었다. 감사한 일이다.

점점 더 성숙하여져서 매일매일 이런 글을 적을 수 있으면 좋겠다. 날마다 기막힌 새벽을 맞는다는 목사님처럼, 날마다 오늘 같은 날을 맞이하며 살면 좋겠다.

2023년 6월 21일
쁘니를 사랑하는 할아버지가

30년 뒤를 기대한다

사랑하는 손자 쁘니에게

엄마 뱃속에 있는 쁘니를 만나고 왔다. 이제는 밖에서 보아도 엄마 뱃속에 있는 쁘니 모습이 조금 보인다. 건강하게 잘 자라게 해 주셔서 감사하다고 기도하였다. 임신 초기에 비하여 엄마도 이제는 조금 안정기로 접어든 것 같다고 이야기해서 감사하였다. 세상에 나오는 그날까지 엄마 뱃속에서 건강하게 잘 지내다가 나오기를 기도한다. 반갑게 만날 그날을 기다린다.

엄마와 같이 저녁 식사하는 자리에 고모네 식구들도 왔다. 고모부와 아빠는 일하러 갔고, 할아버지 할머니와 고모, 아윤이, 재윤이, 엄마와 지온이가 모여서 수암 호수 공원에 새로 생긴 돈가스집에서 저녁 식사를 했다. 밥 먹고 호수 공원에서 놀다가 아파트 놀이터에서 놀았다. 지온이가 어린 동생이라고 아윤이 누나와 재윤이 형이 잘 돌본다. 아윤이와 재윤이와 지온이가 같이 재미있게 노는 모습을 보면서 참 행복했다. 멀리 떨어져 살면 1년에 한 번 두 번 명절 때나 만날 텐데, 가까운 곳에 사니 자주 만난다. 9살, 6살, 3살, 3년씩 나이 차이가 난다. 쁘니가 태어나면 1살이니 쁘니만 2년 차이다. 할아버지가 좋아하는 손주들이 다 모였다. 성경에 자식들을 화살통에 있는 화살촉으로 비유한 부분이 있는데 무슨 말인지 온몸으로 이해된다. 손주들을 보기만 해도 좋아서 배가 부른 느낌이다.

습관적으로 30년 뒤를 상상해 본다. 아윤이는 무엇을 하고 있을까? 재윤이는? 지온이는? 쁘니는? 30년 전에 고모와 아빠가 지금 손주들 나이였다. 30년 동안에 학교를 졸업하고, 취업하고, 시집 장가를 가고, 가정을 꾸려서 살아가고 있다. 30년이 지나면 같은 일을 우리 손주들도 하겠지? 우리 손주들이 살아가는 길에 하나님께서 눈동자처럼 지켜 보호하여 주시기를 기도한다. 가장 좋은 길로 인도해 달라고 기도한다.

손주들뿐 아니라 나도 더 멋진 사람이 되면 좋겠다고 기도한다. 성경도 많이 읽고, 기도도 많이 하고, 책도 많이 읽고, 글도 많이 쓰고, 운동도 열심히 하고, 멋지게 나이 들면 좋겠다. 지금보다 30년 뒤가 더 근사한 하나님의 사람이 되면 좋겠다. 손주들이 자랑스러워하는 훌륭한 할아버지가 되면 좋겠다. 어제보다 오늘이 좋았듯이 오늘보다 내일이 더 좋아지면 좋겠다. 하나님께서 그 복을 주시기를 기도한다.

2023년 6월 23일
쁘니를 사랑하는 할아버지가

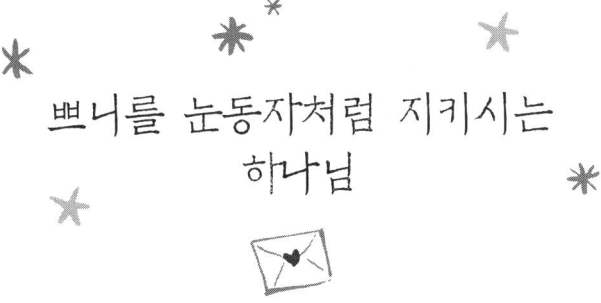

쁘니를 눈동자처럼 지키시는 하나님

사랑하는 손자 쁘니에게

조금 걱정스러운 상황이 생겼다. 엄마 뱃속에 있는 쁘니가 '전치태반'이 되어서 조심해야 한다는 의사 선생님 말씀을 들었다. 정확히는 모르지만, 쁘니가 엄마 태반에 정상적으로 있지 않은 모양이다. 작은고모할머니가 임신하였을 때 같은 상황이어서 걱정하였던 기억이 있다. 30년 전에도 잘 태어났으니 과학 기술이 발달한 지금은 큰 문제가 되지 않을 것 같으면서도 걱정이 되어서 기도한다.

사랑하는 하나님.
임신한 며느리를 위하여 기도합니다. 엄마 뱃속에 있는 쁘니를 위하여서 기도합니다.
의사 선생님이 쁘니가 전치태반이 되었다고 하여서 걱정이 됩니다. 우리를 눈동자처럼 지키시는 하나님이심을 믿는다고 고백은 하면서도 작은 어려움 앞에 믿음을 잃어버릴 때가 많습니다. 죄송합니다. 하나님! 혹시 어려움이 많아지지 않을까? 믿음 없는 생각이 들기도 합니다. 우리의 믿음 없음을 용서하여 주시옵소서!

남은 4개월의 기간 동안 우리 쁘니를 눈동자처럼 지켜 보호하여 주시옵소서! 태중에 있는 쁘니를 위하여서 우리가 할 수 있는 일은 아무것도 없습니다. 하나님만 하실 수 있습니다. 우리 쁘니가 건강하게 잘 자라, 건강하게 잘 태어날 수 있도록 하나님 도와주시옵소서! 아빠 엄마의 간절한 기도에 가장 좋은 것으로 응답하여 주시옵소서!

모든 것이 합력하여 선을 이룬다는 성경 말씀을 기억합니다. 우리의 연약한 믿음으로는 속상한 일처럼 보이지만, 이 일을 통하여서 더 큰 선을 이루실 하나님이심을 우리가 믿습니다. 온 가족이 합심하여 드리는 기도를 들으시고, 우리 쁘니가 건강하게 잘 태어나게 하여 주시옵소서! 쁘니가 건강하게 태어나는 날, 우리 기도에 응답하여 주신 하나님께 감사하며 기도하는 우리 가족이 되게 하여 주시옵소서!

며느리 나래를 위하여 기도합니다. 언제나 우리에게 가장 좋은 것을 주시는 하나님을 신뢰하게 하여 주시옵소서! 소중한 믿음을 잃어버리는 생각이 들지 않도록 생각을 지켜 보호하여 주시옵소서! 몸이 아프지 않도록 육체의 건강을 지켜 보호하여 주시옵소서! 예수님 이름으로 기도합니다. 아멘.

**2023년 7월 1일
쁘니를 사랑하는 할아버지가**

좋은 본을 보이는 삶

사랑하는 손자 쁘니에게

주말은 잘 지냈니? 예배도 드리고, 아빠 엄마와 야구장도 가고, 맛있는 것도 먹고 재미있는 시간 잘 보냈니? 야구장에 같이 가자고 하였는데, 할아버지가 토요일 오후에 외국인 한국어 수업이 있어 가지 못하였다. 주말마다 있는 수업이 부담된다. 하고 싶은 일을 하지 못하는 경우가 있다. 하나님이 좋아하시는 일이라 믿고 작은 희생을 한다.

고모네 부부 마을 구역 식구들이 '하늘 바람 집'에 와서 물놀이도 하고, 바비큐 파티도 하고, 마시멜로도 구워 먹고, 모닥불가에서 이야기도 나누다 갔다. 젊은 부부들이 열심히 교회 생활하는 모습이 보기 좋았다. 40대 나이가 직장 생활에, 가정생활에 가장 바쁘고 힘들 때인데 묵묵히 감당해 내며 교회 생활하는 모습이 감사하였다. 주일에 교회 나가는 것이 큰 희생(?)이지 않을까? 하고 싶은 일 많은데 교회 나가는 것이 희생 같다. 저들이 하나님 나라에, 하나님의 교회에 기둥처럼 쓰임받기를 기도한다. 저들의 자녀들이 믿음을 잃어버리지 않고 잘 성장하기를 기도한다.

보통 구역 모임보다 많은 식구가 왔다고 한다. 아이들까지 27명이 왔었다. 조금 교회 생활에 싫증(?)이 났던 식구들이 다시 힘을 내어 참석할 수 있는 계기가 되었다면 좋겠다. 20~30년 어린 후배들에게 작은 간증을 하였는데 신앙생활에 도움이 되었으면 좋겠다. 이런 일을 하고 싶었는데 기회가 주어져서 감사했다. 좋은 장로가 되고 싶다고 기도하는데 동안교회 장로 역할은 아니지만, 장로 역할을 한 것 같아서 감사하다.

구역 식구 중 한 명이 카톡에 올린 글을 고모부가 보내 주었다.
"너무 예쁜 곳에서 맛난 식사, 좋은 말씀 너무 감사했어요. 마치 처음부터 알고 지냈던 분들처럼 어쩜 이렇게 편하게 해 주실 수 있는지. '하나님 보시기에 심히 좋았더라.' 그 말씀이 깊이 남는 시간이었어요!"
누군가에게 작은 도움을 준 것 같아서 감사했다. 하나님이 좋아하셨을 것 같아서 감사했다. 할아버지 남은 생애가 이렇게 쓰임받으면 좋겠다고 기도한다. 누군가에게 신앙의 좋은 본을 보이는 삶을 살고 싶다고 기도한다. 하나님 좋아하시는 기도여서 반드시 들어 주실 것이 믿어진다.

할아버지가 주말을 지낸 이야기다.

2023년 7월 3일
쁘니를 사랑하는 할아버지가

평청 친구들 이야기

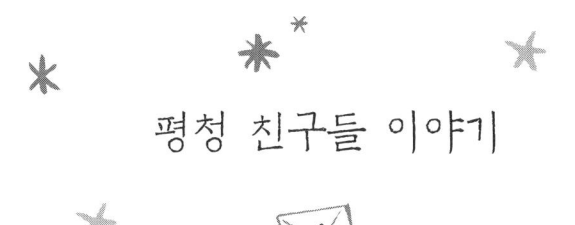

사랑하는 손자 쁘니에게

오늘 오후에는 쁘니가 할아버지 집에 오는구나! 아빠 엄마가 목사님 부부를 할아버지 집에서 만나 식사하기로 하였단다. 어서 오너라! 환영한다. 아빠 엄마가 목사님과 친하게 지내는 것 같아서 좋다. 집에 목사님이 오셔서 결석한다고 한글학교 팀에 이야기하였다. 할아버지도 목사님 만나 교제하면 좋을 것 같다. 오후에 만나자!

아빠 엄마 4주년 결혼기념일이라고 파티하는 사진을 보내왔다. 지온이가 축하 꽃다발을 들었는데 다음에는 쁘니가 꽃다발을 들겠다. 4주년 결혼기념일이 곧 40주년 결혼기념일이 되겠지? 그날까지, 그 이후까지 아빠 엄마가 행복한 결혼 생활 잘 이어 가면 좋겠다고 기도한다.

1984년에 평북노회 청년연합회 활동을 같이하였던 믿음의 친구들이 우리 집에 왔다. 평북노회 지교회에서 청년부 활동을 하는 사람들이 모여서 청년연합회를 조직하였는데, 우리가 14기 임원들이고 그때 할아버지가 동안교회 청년부 회장이었다. 1960년생 동갑내기들이 많았다. 중간에 헤어졌다가 10여 년 전에 다시 모이기 시작하였다. '평청'이라는 약어로 부르는데, 자녀 중 한 명이 평청이 '평생 청년'인 사람들 모임이냐고 물어서 우리도 이제는 그렇게 생각하기로 하였다.

평생 믿음 안에서 살아온 사람들이다. 청년 시절에 만났었는데, 이제는 목사, 장로, 권사가 되었다. 각자 섬기는 교회들은 다르지만 모두 중요한 일꾼으로 교회를 섬기고 있다. 할아버지가 새로 섬기기 시작한 두동성산교회 이야기하면서, 우 권사님 이야기를 하였다. 우리보다 30년 선배인데 우리도 나이 들어 우 권사님 같은 멋진 신앙의 어른이 되면 좋겠다고 이야기하였다. 할아버지의 인생 2막을 부러워들 한다. 멋진 집에서 손주들과 지내는 것만 해도 좋은데, 작은 시골 교회를 잘 섬기는 모습도 너무 보기 좋다고 하신다. 감사한 일이다. 지금까지의 삶도 좋았는데 앞으로의 삶도 기대된다고 이야기하신다. 기대에 부응하는 삶을 살겠다고 다짐한다. 하나님께서 복을 주셔서 처음보다 나중이 더욱 멋진 삶이 되면 좋겠다. 멋지게 인생 잘 살다가 하나님 부르시는 그날 기쁘게 만나기를 기도한다.

2023년 7월 8일
쁘니를 사랑하는 할아버지가

기도하는 할아버지로
기억되기를

사랑하는 손자 쁘니에게

휴가지에서 지내는 모습을 엄마가 사진으로 찍어 보내 주었다. 수영하며 노는 아빠와 지온이 모습이 그림 같다. 지온이가 엄마와 같이 찍은 사진은 예술 작품이다. 행복하게 살아가는 가족 모습을 보니 감사하다. 세상에는 행복하지 못한 가정도 많다. 쁘니에게 좋은 가정을 주신 것은 하나님 복이다.

"지도자는 다른 어떤 영역보다 기도의 영역에서만큼은 그를 따르는 자들보다 앞서야 한다. 또한 앞서가는 그리스도인이라면 자신의 기도 생활이 끝없이 발전할 수 있다는 가능성에 대해 알고 있어야 한다." 기도에 관한 책을 읽고 있는데 그중 한 구절이다. 손주들이 할아버지를 기억할 때, 기도하는 할아버지로 기억하면 좋겠다.

손주들이 태중에 있을 때 자주 새벽기도회를 갔었다. 첫 손주인 아윤이 때는 말할 것도 없고, 재윤이 때도, 지온이 때도 자주 새벽기도회에 나가서 기도하였었다. 다시 새벽기도회에 나가 손주들을 위해 기도한다. 쁘니를 위해 소리 내어 기도하는데 할아버지 역할을 잘하는 것 같아 좋다. 쁘니를 하나님께서 지켜 보호해 주실 것이 믿어진다.

방언으로 기도하는데 예레미야 1장 19절 말씀을 보여 주셨다. "그들이 너를 치나 이기지 못하리니 이는 내가 너와 함께하여 너를 구원할 것임이니라 여호와의 말이니라." 너와 함께하겠다는 말씀을 읽는데 그 말씀이 그냥 믿어진다. 너를 구원하겠다는 말씀도 참 좋았다. 감사하였다. 하나님께서 하고 싶은 말씀이 많으신지, 잠깐 기도하는데 여러 말씀으로 말을 걸어오신다. 한 시간 기도하는 시간이 은혜의 시간이었다. 잃어버렸던 자리에 다시 앉은 기분이다. 매일 이렇게 기도하면 기도의 깊은 경지에 이를 수 있지 않을까? 싶기도 하다. 감사한 일이다.

할머니의 아버지, 할아버지의 장인, 고모부 고모 아빠 엄마의 외할아버지, 손주들의 증조할아버지가 기도의 어른이셨다. 가정예배를 드리면 모든 가족의 이름을 불러 가며 기도하셨다. 매일 새벽기도회에서 우리 가족을 위해 기도하셨다. 할아버지가 그 기도의 빚을 지고 있다. 할아버지도 후손들을 위해 기도한다. 증조할아버지 기도에 응답하셨던 하나님께서 할아버지 기도에도 응답하여 주실 것이다.

2023년 7월 11일
쁘니를 사랑하는 할아버지가

영화 한 편을 보면서

사랑하는 손자 쁘니에게

쁘니가 건강하게 자라기를 늘 기도한다. 새벽에 기도할 때마다 쁘니를 위해 기도하는데 마음이 따뜻해진다. 하나님께서 권능의 손으로 우리 쁘니를 지켜 보호하여 주실 것이 믿어진다. 우리 아윤이, 재윤이, 지온이, 쁘니를 통하여서 영광 받아 달라고 기도하는데, 하나님께서 어떻게 응답하실지 기대가 된다.

아주 오랜만에 영화관에서 영화를 보았다. IKEA에 물건 사러 갈 일이 있어서 부산 갔다가 해운대 CGV에서 보았다. 새로 생긴 영화관 같은데 좌석이 침대다. 누워서 영화를 보게 되어 있다. 우리 자리만 그런가 싶었는데 나올 때 보니 모든 자리가 침대다. 일 년에 한 번은 영화를 보았는데 침대 자리는 처음이었다. 짧은 시간에 빠르게 변화하는 세상을 실감하였다. 영화 내용보다 영화관이 더 충격적이었다.

〈미션 임파서블 7편 데드 레코닝〉을 보았다. 톰 크루즈라는 세계 최고 배우의 연기가 뛰어나다. 1962년생이니 60이 넘은 할아버지인데 청년 못지않은 체력과 몸매를 가졌다. 관리하기에 따라서 나이 들어서도 균형 잡힌 튼튼한 육체를 가질 수 있다. 나이 들면 어쩔 수 없다는 것은 핑계다. 악당 가브리엘로 나오는 에사이 모레일스 배우도 1962년생이다. 악당으로 나오는데도 매력적이다. 환갑 지난 할아버지가 아니라 40대 중반의 멋진 중년이다. 몸싸움하는 장면이 여러 번 나오는데, 두 사람 다 날아다닌다. 대단하다.

시리즈 최초로 등장한 인공지능 빌런 엔티티 이야기도 흥미로웠다. 이제는 핵무기가 두려운 무기가 아니라, 사람들의 정보를 수집하고 상호작용을 계산해 발생할 일을 예측할 수 있는 인공지능이 두려운 존재가 되었다. 마음만 먹으면 전 세계 사람들을 조정할 수 있기 때문이다. 할리우드의 시나리오 작가들이 시대를 앞서간다. 아직 오지 않은 다가올 미래를 상상하여 이야기를 풀어 가는 재주가 대단하다. 아니 이미 왔는지도 모르겠다. 챗 GPT가 어떤 미래를 만들어 갈지 모르겠다. 두려운 세상이다. 영화 한 편을 보면서 많은 생각을 하였다. 쁘니랑 같이 영화 보고 영화 이야기를 하는 날이 올까? 그날을 기다린다. 조금만 지나면, 아윤이와는 이야기할 수 있지 않을까?

2023년 7월 19일
쁘니를 사랑하는 할아버지가

울주 선바위 도서관에서

사랑하는 손자 쁘니에게

코스트코에서 아빠 엄마와 장을 보면서 쁘니를 보았다. 엄마 뱃속에서 잘 자라고 있는 쁘니에게 인사하였다. 외할아버지 외할머니가 강화 가서서 엄마가 힘들다고 다음 주에 올 수 있겠느냐고 묻는다. 지온이와 쁘니를 만나는 일은 언제나 먼저 할 일이다. 쁘니를 이번 주에도 보았는데 다음 주에도 또 본다. 기쁜 일이다.

울주 선바위 도서관에 갔었다. 할아버지가 가 보았던 공공도서관 중에 가장 시설이 좋다. 서울에 있는 도서관들은 오래되어서 낙후된 시설인데, 선바위 도서관은 새로 지어서 시설이 너무 좋다. 1층 가장 좋은 자리에 어린이도서관이 있는 것이 참 좋았다. 어린 시절부터 도서관을 가까이하고, 책을 가까이하는 것은 소중한 일이다. 쁘니가 책을 좋아하여서 도서관에 자주 가면 좋겠다. 2층에는 다문화 가정을 위한 외국 서적들을 모아 놓은 열람실이 있는 것이 신기하였다. 미국 뉴욕 근처 플러싱 작은 공공도서관에 갔을 때, 한국 책이 있어서 놀랐던 기억이 있는데, 우리나라 도서관에서도 같은 일을 한다. 세상이 많이 바뀌었는데 할아버지가 몰랐다. 비디오테이프를 빌려서 영상을 볼 수 있는 열람실도 있다. 목록을 보니 수백 편의 영화가 있는데 넷플릭스에 없는 영화도 많다. 도서관에 오면 책도 보고, 영화도 보고 하루 잘 놀겠다.

전국 공공도서관 이용증을 만들어 책을 몇 권 빌리려 하였다. 사서에게 책을 가져다주면 체크하고 빌려주는 줄 알았는데, 사서가 없다. 키오스크 기계에 이용증을 스캔하고 비밀번호를 누르고 책을 스캔하면 대출된다. 잘 몰라서 한참을 두리번거렸다. 밥을 먹어도, 차를 마셔도, 책을 빌려도 무인 기계를 이용하여야 한다. 세상이 변했다.

보통 도서관에 가면 시험 준비하는 젊은이들이 많았었는데, 이제는 아니다. 할아버지 나이 정도의 은퇴한 분들이 더 많아 보인다. 돋보기 쓰고 책을 읽는 노인들이 많다. 우리나라가 노령사회가 되는 것을 실감한다. 조금 지나면 1층의 유아 전용 도서관이 노인 전용 도서관으로 바뀔지도 모르겠다. 유치원, 어린이집이 문을 닫은 자리에 노인을 위한 요양시설이 들어서는 것을 본다. 세상이 바뀌어 간다.

정년퇴직하고 새롭게 세상을 배워 가고 있다. 재미있다.

2023년 7월 20일
쁘니를 사랑하는 할아버지가

울산대학교 병원에서

사랑하는 손자 쁘니에게

한 달 단위로 쁘니 편지글을 파일로 저장했다. 3월부터 시작하여서 7월까지 5개월을 모았다. 오늘은 8월 파일을 새로 만들었다. 8월, 9월, 10월 3개월이 지나면 태중에 있었던 쁘니 이름으로 쓰는 편지는 끝내고, 새로 만든 이름을 부르며 편지 쓰기를 시작하겠다. 일 년 열심히 써서 멋진 책을 만들어 돌 선물로 줄 예정이다. 그날이 점점 다가온다.

엄마가 울산대학교 병원에 정기 검진을 받는 날이어서 같이 갔었다. 엄마는 의사 선생님 만나러 갔고, 할머니와 지온이와 병원 주차장에서 기다렸다. 아윤이가 아파서 갔었던 서울아동병원보다 울산대학교 병원은 훨씬 크다. 독감에 걸려서 오는 정도가 아니고, 더 큰 병에 걸려서 오는 사람들이 많다. 산부인과 병동이 신관에 있는데 같은 신관에 암 병동이 있다. 암 환자는 외모부터가 다르다. 지나다니는 사람들 모습이 다르다. 아픔이 전해져 오는 느낌이다.

암이 노후 질환이라는 이야기가 있다. 늙으면 머리카락 색이 바뀌는 것처럼, 신체가 변화하여 암에 걸리기 쉽게 된단다. 80대 이후가 되면 50% 넘게 암 환자가 된단다. 할아버지도 더 나이 들면 암에 걸릴지도 모른다. 그때가 되면 어떻게 할까? 태어나면 늙게 되어 있고, 늙으면 병들어 죽게 되는 것이 인생이다. 어쩌면 늙는 것이 당연한 것처럼, 병들어 죽는 것은 당연하다. 잘 늙어 잘 죽기를 기도한다. 쁘니가 엄마 뱃속에서 아프지 않고 건강하게 잘 자라 건강하게 태어나기를 기도하는 것처럼, 할아버지는 좋은 삶을 살다가 좋은 죽음을 맞게 해 달라고 기도해야겠다.

오늘 읽은 성경 말씀이 전도서 말씀이었다. 잔칫집에 가는 것보다, 상갓집에 가는 것이 지혜롭다고 하는데 맞는 말이다. 죽음을 생각하니 오늘을 더 열심히 잘 살아야겠다는 생각이 든다. 쁘니 때문에 병원에 갔다가 여러 생각을 하게 되었다. 쁘니 때문에 할아버지가 더 성숙한 사람이 되는 것 같아 좋다.

사랑하는 하나님.
병원에 갈 때마다, 세상에 아픈 사람이 너무 많다는 것을 알게 됩니다. 나이 들어 아픈 것은 당연한 일이지만, 어린아이들이 아픈 것은 이해되지 않습니다. 아파서 병원에 입원한 어린아이들을 치료하여 주시옵소서! 나아서 퇴원하여 정상적인 일상을 살게 하여 주시옵소서! 우리 손주들을 위하여 특별히 기도합니다. 아윤이, 재윤이, 지온이, 쁘니 건강하게 튼튼하게 잘 자라게 하여 주시옵소서! 아파서 병원에 입원하는 날이 없도록 눈동자처럼 지켜 보호하여 주시옵소서! 예수님 이름으로 기도합니다. 아멘.

2023년 8월 1일
쁘니를 사랑하는 할아버지가

6호 태풍 카눈

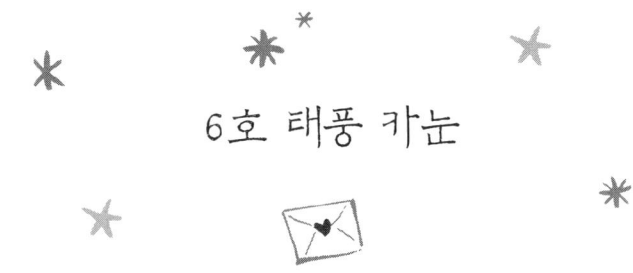

사랑하는 손자 쁘니에게

아침마다 쁘니에게 편지를 쓰려고 하는데 다른 일정들이 생긴다. 생각을 정리하려면 한 시간은 있어야 하는데 먼저 하여야 할 다른 일들이 생긴다. 8월 들어서 편지를 쓰지 않고 지나간 날들이 여럿 있다. 8월 10일부터 20일까지는 몽골에 가니 또 못 쓰겠다. 그러나 언제나 할아버지 마음은 쁘니에게 있다.

태풍 6호 카눈이 한반도를 통과한다고 해서 걱정하고 있다. 바람이 심하게 부는 날 트램펄린이 날아갔었는데, 더 심한 태풍 바람이 불면 무슨 일이 일어날지 모르겠다. 서울에서 살 때는 몰랐던 일이었는데 구미리로 이사 오니 관심사가 달라졌다. 할아버지 집뿐만 아니라 주변 분들 농작물에도 관심이 간다. 성숙해지는 것 같다. 세상을 보는 눈이 넓어진다. 감사한 일이다. 교회 카페에 기도문을 올렸는데 쁘니에게도 보여 주겠다.

사랑하는 하나님.
6호 태풍 카눈이 한반도를 향하여 오고 있다는 뉴스를 들으니 걱정됩니다. 일본을 지나 남해안에 상륙한 태풍이 한반도를 통과한다고 하니 걱정됩니다. 우리를 눈동자처럼 소중하게 지키시는 하나님께서 우리를 지켜 주시겠지만, 그 하나님을 믿는 믿음이 부족하여서 우리가 걱정하고 있습니다. 우리의 믿음 없음을 용서하여 주시고,

다시 한번 우리를 지키시는 하나님을 경험하게 하여 주시옵소서.

봄에 씨를 뿌릴 때 우리 권사님, 집사님들이 얼마나 고생하였는지 옆에서 볼 수 있었습니다. 여름 무더위에 농작물을 돌보느라 얼마나 수고하셨는지도 조금은 알겠습니다. 힘들게 지은 농작물이 이제 수확의 시기로 넘어가고 있는데, 태풍으로 수확에 차질이 빚어질까 염려됩니다. 강한 바람으로 농작물이 넘어가지 않을까? 많은 비에 잠기지나 않을까? 염려됩니다. 태풍 6호 카눈의 영향력이 어디까지 갈지 걱정됩니다.

사랑하는 하나님.
우리 집사님, 권사님들이 수고하고 애쓴 농사가 태풍 때문에 피해 보지 않도록 지켜 주시옵소서! 천지를 창조하신 하나님, 비와 바람을 다스리는 하나님, 이번 태풍이 큰 피해 없이 지나가도록 역사하여 주시옵소서! 문설주에 피를 바르면 죽음이 넘어갔던 유월절처럼, 우리 권사님 집사님들의 농작물에는 태풍이 해를 끼치지 않고 넘어가도록 하나님 역사하여 주시옵소서! 하나님을 위하여서, 하나님의 교회를 위하여서 애쓰신 분들인데 하나님 도와주시옵소서! 오늘도 살아서 우리를 지키시고 돌보시고 사랑하시는 하나님을 경험하게 하여 주시옵소서!

2023년 8월 8일
쁘니를 사랑하는 할아버지가

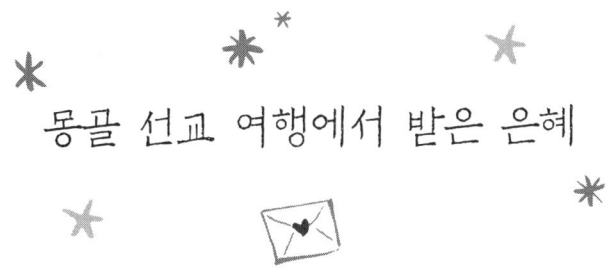

몽골 선교 여행에서 받은 은혜

사랑하는 손자 쁘니에게

8박 9일 몽골을 다녀왔다. 가기 전에 하룻밤 서울에서 자고, 갔다 와서 이틀 밤 서울에서 잤으니 12박 13일을 울산에서 떠나 있었다. 아주 오랜만에 쁘니에게 편지를 쓴다. 쁘니는 건강하게 잘 지내고 있었니? 엄마가 하혈이 있어서 병원에 입원하였다는 이야기를 들었는데, 엄마와 쁘니를 위하여서 기도하였다.

몽골에 다녀온 이야기를 정리하였다.

몽골 선교 여행에서 받은 은혜.

1) 이호진 목사님을 만난 것이 은혜였다.
예수님을 사랑하여서 예수님 말씀대로 살려고 애쓰는 원로 목사님을 만나면서 큰 도전이 되었다. 나이 들어서 근사하게 늙기를 기도하고 있는데 좋은 본을 보았다. 말씀에 순종하며 사는 삶이 후배들에게 끼치는 영향력이 있다. 목사님처럼 살기를 기도한다.

2) 신기환 교사 선교사를 만난 것도 도전이 되었다.
한참 후배인데 어떻게 저런 멋진 믿음을 가질 수 있을까? 좋은 후배를 만나지 못하여서 다음 세대가 걱정되었는데, 너무 멋진 후배 교사를 만났다. 겸손하게 하는 이야기에 깊이가 있다. 아는 것에 머물지 않고 온몸으로 실천하는 모습이 보기 좋았다. 앞길을 위해 기도한다.

3) 나현경 선교사를 만난 것이 큰 울림으로 남는다.
예수님을 위해 헌신한 사람들을 많이 만났는데, 나 선교사도 그중 한 명이다. 선교사님을 보면 뜨겁게 몽골을 사랑하는 마음이 전해져 온다. 몽골 사람을 사랑하여 하는 일들이 주변 사람들에게 감동을 준다. 한 번 사는 인생 멋지게 사는 모습을 보며 감동받는다.

4) 남창기 선교사 부부를 만난 것도 큰 은혜다.
동시대를 살아가는데, 전혀 다른 삶을 산다. 주어진 삶의 자리를 떠나는 것 결코 쉬운 일이 아닌데…. 주를 위하여서, 주의 복음을 위하여서 기꺼이 본토 친척 아비 집을 떠나 지내시는 모습이 와닿는다. 한 분의 희생이 주변 사람들에게 선한 영향력을 주는 것을 눈으로 확인할 수 있었다. 감사한 일이다.

5) 한걸음 선교회 모임도 큰 도전이 된다.
선교사님들과 동역하는 일을 기쁜 마음으로 감당하신다. 을의 심정으로 선교사님들을 위하신다. 얼마나 보기 좋았는지! 지난 시간 선교지를 방문하여 사역하신 일들을 들으면서 감동한다. 주를 위하여서 귀한 물질과 시간을 낭비하신다. 한국 기독교가 아직도 여전히 희망이 있는 까닭이 저런 분들 때문이다. 교회 친구들에게 우리도 그렇게 살자고 이야기하고 있다. 좋은 분들을 만난 것은 크게 감사할 일이다.

6) 이진경 선교사 부부를 만나 이야기를 나눈 것도 좋았다.
신혼부부 시절 만났는데 이제는 중년이 되었다. 선교사가 되기를 소원하며 기도하였던 시절이 있었는데…. 한국 오면 한 번씩 만나 식사하면서 교제하다가 몽골에서 만났다. 짧은 시간에 많은 이야기를 들었다. 얼마나 힘들었을까! 얼마나 좋았을까! 얼마나 자랑스러운지!!! 수고하였다고 등 두드려 주는 일에 위로가 되고 힘이 되는 것 같아 감사하였다. 좋은 만남이었다.

7) 벌드 목사님의 열정도 기억난다.

열정적인 모습이 보기 좋았다. 몽골의 영향력 있는 좋은 목사님이 되시기를 기도한다. 아내의 모교인 숭덕여고를 방문하여 밤늦게까지 남아 자율학습을 지도하시는 선생님을 보면서, 몽골에 저런 선생님들이 계셨다면 훨씬 발전하였을 것 같다고 이야기하였단다. 우리나라의 발전이 교육에 있었음을, 선생님들의 헌신에 있었음을 느낄 수 있어서 좋았다.

8) 몽골 광활한 초원에서 지낸 일도 감사하다.

테르지 국립 공원이 좋다는 말만 들었는데 며칠을 지낼 수 있어서 좋았다. 드넓은 초원을 거닐면서 좋았고, 밤하늘 별을 보는 것도 좋았고, 아침저녁 신선한 공기를 마시는 것도 좋았고, 말을 타고 다닌 것도 좋았다. 스케줄 없이 편안하게 휴식하며 지낸 시간도 좋았다. 감사하게 보낸 몽골 선교 여행이다.

다음에 쁘니랑 몽골에 가면 할아버지가 잘 가이드 할 수 있을 것 같다.

**2023년 8월 22일
쁘니를 사랑하는 할아버지가**

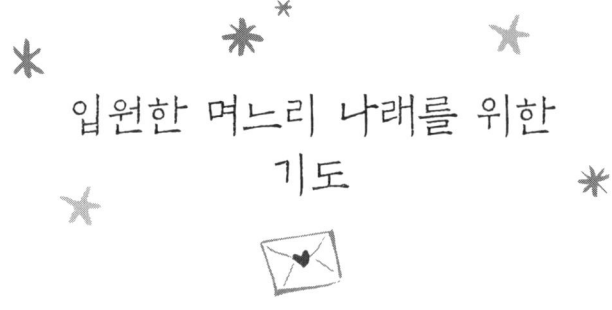

입원한 며느리 나래를 위한 기도

사랑하는 손자 쁘니에게

엄마가 자궁 수축이 되어서 병원에서 치료 중이다. 많이 아프지는 않은 것 같은데, 병원 입원해 있는 것이 힘겨운 일이다. 벌써 일주일째 병원에 입원 중이다. 바로 퇴원할 줄 알았는데 입원 기간이 길어진다. 임신 중에 그런 사람들 종종 있다지만 걱정된다. 걱정하는 마음을 기도로 올려 드린다. 하나님께서 지켜 주시기를 기도한다.

사랑하는 하나님.

쁘니를 임신 중인 며느리 나래가 자궁 수축으로 입원하고 있습니다. 큰 병이 아니어서 다행이지만 퇴원하여서 집에 갔으면 좋겠습니다. 하나님, 치료가 잘 되어서 바로 퇴원할 수 있도록 도와주시옵소서! 일주일 입원해 있는 동안에도 걱정이 되었지만, 입원 기간이 길어지니 더 걱정됩니다.

지온이와 힘겹게 지내는 동안 안식하지 못하였는데, 불편한 자리이지만 집안일에서 떠나 휴식의 시간을 주신 것 감사합니다. 쁘니 신생아 용품을 만들 시간도 없이 바빴는데, 바쁘게 지내느라 쁘니를 맞을 준비가 부족하였는데, 쁘니를 맞이할 시간을 주셔서 감사합니다. 집안일도 잠시 잊고, 지온이 육아도 잠시 내려놓고 온전히 쁘니를 위한 시간으로 이 시간을 잘 사용하게 하여 주시옵소서!

지온이를 위하여서 기도한 것에 비해 쓰니를 위하여서는 덜 기도하였습니다. 기도하지 않아도 지온이처럼 쓰니도 건강하게 출산할 줄 알았습니다. 전치태반이어서 걱정되어 기도하였는데, 이제는 자궁 수축으로 출혈이 있어 더 간절한 마음으로 기도합니다. 쓰니를 위한 기도가 더 쌓이기를 원하셨습니까? 살 만하니 기도가 없어집니다. 우리는 죽을 만큼 힘들어야 간절한 기도를 하게 되는 것 같습니다. 쓰니를 위하여 간절한 마음으로 기도하게 하여 주셔서 감사합니다.

사랑하는 하나님.
엄마가 자궁 수축으로 약물 치료받고 있는데, 잘 치료되게 하여 주시옵소서! 임신 중에 약을 쓰는 것이 혹시, 쓰니에게 나쁜 영향을 주지 않을까? 염려됩니다. 엄마가 쓰는 약 때문에 쓰니에게 나쁜 영향이 가지 않도록 하나님께서 지켜 보호하여 주시옵소서! 70일 후에 건강하게 태어날 때까지 하나님, 우리 쓰니를 지켜 보호하여 주시옵소서! 예수님 이름으로 기도합니다. 아멘.

쓰니를 위해 기도하면서 할아버지 역할을 하는 것 같아 좋다. 할아버지 기도에 하나님께서 선하게 응답하여 주실 것이 믿어진다. 감사하다!

2023년 8월 23일
쓰니를 사랑하는 할아버지가

노인이 되고 싶은 손녀 아윤이

사랑하는 손자 쁘니에게

엄마가 입원한 지 벌써 2주가 되었다. 입원하여 며칠만 있으면 퇴원할 줄 알았는데 여러 날이 지나고 있다. 약을 끊어도 수축이 일어나지 않아야 하는데 자꾸 수축이 일어난다. 쁘니가 세상에 나올 때까지 병원에 있어야 하는 것은 아닌지 모르겠다. 엄마에게 편안한 휴식의 시간이 필요하였는지도 모르겠다. 엄마가 평안한 마음으로 쁘니를 생각하며 지내기를 기도한다.

아윤이 누나와 재윤이 형이 며칠 할아버지 집에 머물다 갔다. 지온이 형도 토요일에 와서 하루 같이 있었다. 두동으로 이사 와서 가장 기쁜 일이, 주말마다 사랑하는 손주들을 볼 수 있는 것이다. 나도 좋고 손주들도 좋아한다. 보통 초등학교 고학년이 될 때까지는 할아버지 할머니를 좋아한다고 한다. 나이 들면 떠나게 마련이다. 초등학교 2학년인 아윤이는 몇 년 남지 않았다. 손주들이 중학생이 되고 고등학생이 되어도 할아버지 집을 좋아하면 좋겠다. 그럴지도 모르겠다.

아윤이 방학 숙제에 '세 줄 쓰기' 숙제가 있다. 참 좋은 숙제 같다. 창의력을 키우는 숙제다. 수십 가지 질문이 적혀 있는 과제 공책에, 세 줄 이상 글짓기를 하여 적어 놓는 것이다. 재미있는 질문이 많다. 아윤이가 숙제하는 모습을 지켜보는데 많이 행복했다. 다른 사람이 된다면 누가 되고 싶나요?라는 질문이 있었다. 연예인이 되거나, 운동선수가 되거나, 위인이 되고 싶다고 쓰지 않을까 싶었다. "노인이 되고 싶다. 왜냐하면 더 자라면 귀찮은 일이 많은데, 노인이 되면 자유가 오기 때문이다. 그래서 노인이 되어 나의 손녀도 보고 싶다." 아윤이가 적은 답이다.

아윤이 눈에 비친 할아버지 삶이 좋아 보인 것은 아닐까? 좋은 삶을 생각하니 할아버지 삶이 생각난 것은 아닐까? 할아버지처럼 살면 좋겠다고 생각한 것 같아 행복했다. 나이 든 모습이 불행해 보이는 것이 아니라 행복한 모습으로 보이는 것에 감사하다. 더 멋지게 나이 들어야겠다고 다짐한다. 백발이 면류관이라고 성경은 말씀하신다. 어린 손주들이 보기에 할아버지가 면류관을 쓴 멋진 모습으로 보이기를 소원한다. 지금까지는 아윤이에게 할아버지가 그렇게 보인 것이 아닐까? 감사한 일이다. 아윤이는 다른 아이들보다 더 오랫동안 할아버지를 좋아할지도 모르겠다. 재윤이에게도, 지온이에게도, 쁘니에게도 좋은 할아버지가 되면 좋겠다.

쁘니가 자랄 때는 할아버지가 더 나이 들 텐데, 쁘니에게도 좋은 영향력을 주는 할아버지가 되면 좋겠다. 그렇게 살고 싶다고 기도한다. 노인이 되는 것이 부정적인 면만 있는 것이 아니다. 아이들에게서 배우는 것이 있다.

**2023년 8월 28일
쁘니를 사랑하는 할아버지가**

두동성산교회의 기초석

사랑하는 손자 쁘니에게

쁘니가 잘 있나? 확인하러 엄마가 병원 가는 날이다. 외할아버지는 엄마랑 병원 가고, 할아버지는 지온이와 두동에서 지낼 예정이다. 아침에 지온이 형을 데리러 쁘니 집에 가니, 쁘니도 잠깐 볼 수 있겠다. 가까이 살아 필요할 때 도움이 되는 것 같아 좋다. 아윤이와 재윤이를 보니 초등학교 다닐 때도 할아버지 할머니 도움이 필요한 때가 있는데, 쁘니도 그럴 것 같다.

새벽기도회 본문이 열왕기상이다. 오늘 본문이 5장이었다. 할아버지에게 열왕기상 5장은 특별한 성경 본문이다. 몇 년 전에 기도하는데, 열왕기상 5장 17절 말씀을 주셨다. "이에 왕이 영을 내려 크고 귀한 돌을 떠다가 다듬어서 전의 기초석으로 놓게 하매" 이 말씀을 읽으면서 무슨 의미인지 몰랐다. 크고 귀한 돌이 나를 상징하는 것인가? 떠다가 다듬는다는 것은 무슨 의미인가? 성전의 기초석으로 놓는 것이 동안교회 장로 역할 잘하라는 말씀인가? 그런가 보다 하고 넘어갔었다.

오늘 말씀을 읽는데, 그때 벌써 하나님은 나를 두동성산교회로 보내기로 작정하셨나 보다 싶은 생각이 들어서 좋았다. '저를 동안교회에서 잘 준비시켜서, 두동성산교회 기초석으로 삼아서, 하나님의 성전을 잘 만들고 싶으셨나요?' 기도하는데 행복했다. 하나님께 쓰임받는 사람이 되었다는 것이 참 좋다. 퍼즐 조각이 맞추어져 가는 것 같아서 좋다. 솔로몬 성전을 통하여서 이루어진 하나님의 역사가 있었는데, 두 동성산교회를 통하여서도 하나님의 역사가 이루어지지 않을까? 아직은 무엇인지 모르겠는데 하나님께서 꿈을 꾸게 하신다. 성전의 문지기만 하여도 감동인데, 기초석으로 쓰임받는다면 얼마나 자랑스러운 일인가! 상상력을 발휘하게 된다. 믿음으로 내일을 바라보게 된다. 기도하는데 마음이 뜨거웠다. 감사하였다. 할아버지 평생에 보지 못한다면 다음 세대에는 보게 되지 않을까? 다음 세대가 아니면 그다음 세대에는 이루어지지 않을까? 그다음 세대는 쁘니가 살아갈 세상이다. 할아버지가 뿌려 놓은 믿음의 씨앗들이 어떻게 열매를 맺게 될까? 기대된다.

기도하였던 승강기 공사가 마무리되어 가고 있다. 멋지게 잘 만들어지는 것을 보니 감사하다. 스웨덴에서 수입한 승강기인데 우리나라 교회에 4대가 설치되었고, 우리 교회가 5번째 설치되는 것이라 한다. 할머니 권사님들이 승강기를 타고 편하게 본당에 올라가 예배드릴 수 있다. 작은 섬김을 할 수 있어서 감사하다. 성전 기초석 역할을 조금 한 것 같아서 행복하다. 더 많은 일을 감당할 수 있으면 좋겠다. 복음은 섬김의 그릇에 담겨야 빛을 발하는데, 섬김의 자세를 잊지 않게 하여 달라고 기도한다.

2023년 9월 13일
쁘니를 사랑하는 할아버지가

'좋겠다'가 아니라 '좋았다'의 삶을

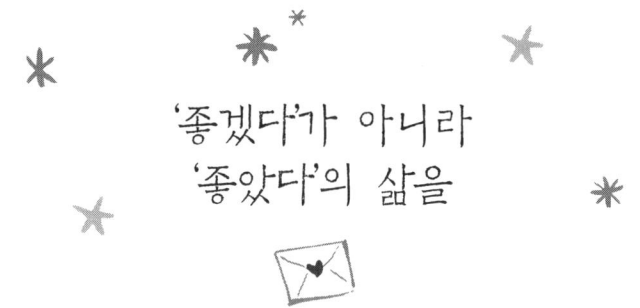

사랑하는 손자 쁘니에게

쁘니를 만날 날이 예정보다 빠를 수도 있겠다. 다음 주면 34주인데, 엄마에게 다시 수축이 일어나면 수술하여서 쁘니를 볼 수도 있단다. 건강하게 42주를 엄마 배에서 잘 자라다가 세상에 나오면 좋겠다고 기도하는데, 어떻게 될지 모르겠다. 우리 생각으로 42주를 채우는 것은 좋은 일이고, 34주에 출산하는 일은 안 좋은 일처럼 보인다. 우리는 어느 길이 더 좋은 길인지 모르니 가장 좋은 길로 인도해 달라고 기도한다.

쁘니가 전치태반이어서 걱정하며 기도하였고, 엄마가 수축이 일어나 입원하여서 기도하였고, 또 지금 빠른 출산이 걱정되어서 기도한다. 할머니가 귀한 둘째 아들이라고 이야기하는데 그 말이 옳다. 귀한 둘째 아들이 태어나려고 한다. 할아버지가 편지에 자세히 적어 놓았으니, 나중에 쁘니가 얼마나 많은 사람의 기도로 태어났는지 확인할 수 있겠다. 할아버지도 새벽마다 쁘니를 위하여서 많은 시간 기도한다. 태어날 때부터 기도가 쌓여서 태어난 쁘니가 어떤 인물이 될지 기대가 된다.

쁘니에게 이야기하고 싶어서 책을 읽으면서 감동되는 글은 적어 놓는다.

"좋겠다'에서 끝나는 삶이 아니라 '좋았다'로 끝나는 삶을 살아야지!" 참 좋은 글이다. 인생을 바르게 사는 교훈이 담겨 있다. 쁘니가 살아가는 삶이 다른 사람의 삶을 보면서 좋겠다고 감탄하는 삶이 아니라, 자기 삶을 살아가면서 좋았다고 감탄하며 살아가는 삶이 되면 좋겠다. 할 수 있는 만큼 좋은 것은 내가 직접 하면서 살아라. 아는 것도 중요하지만, 아는 만큼 살아가는 것이 더 중요하다.

할아버지가 살았던 삶은 어떠하였는가 생각해 본다. 평생 좋아하는 일을 하면서 살았다. 좋겠다가 아니라 '좋았다'의 삶이라고 자신 있게 이야기할 수 있다. 앞으로의 삶도 비슷하지 않을까? 남들이 좋겠다고 이야기하는 삶을 사는 것 같아서 감사하다. 퇴직한 이후에 전원에 내려와 집을 짓고 사는 것을 꿈꾸는 사람이 많다. 꿈을 꾸는 사람은 많은데, 꿈을 이루는 사람은 많지 않다. 할아버지는 꿈을 이룬 사람이다. 사랑하는 손주들도 '좋았다'라고 이야기할 수 있는 삶을 살면 좋겠다고 기도한다. 오늘 손주들을 위하여 하였던 기도의 첫 번째 제목이다. 하나님께서 그 복을 주시기를 기도한다.

사랑하는 하나님.
쁘니와 쁘니 엄마를 위하여 기도합니다. 42주가 되어서 건강하게 쁘니를 출산할 수 있도록 쁘니 엄마의 건강을 지켜 주시옵소서! 수축이 일어나면 일찍 출산하여야 한다는데, 우리 쁘니가 창조의 법칙에 맞게 정해진 시간을 다 채우고 세상에 나올 수 있도록 하나님 도와주시옵소서! 예수님 이름으로 기도합니다. 아멘.

**2023년 9월 15일
쁘니를 사랑하는 할아버지가**

쁘니에게 보내는 마지막 편지

사랑하는 손자 쁘니에게

다음 주 일주일은 베트남 나트랑으로 아윤이네 식구들과 같이 가족 여행을 다녀올 예정이다. 주일 오후에 서울로 가서, 월요일에 비행기 타고 떠나서, 금요일에 서울에 도착하여 다시 울산에 오면 금요일 저녁이 된다. 토요일은 자주 편지 쓰지 못하니, 어쩌면 오늘이 9월의 마지막 편지가 될지도 모르겠다. 9월 26일에 수술을 하게 되면 쁘니에게 쓰는 편지는 오늘이 마지막 되겠다. 다음 편지는 수신자 이름이 바뀐다.

동안교회 3부 성가대 지휘자가 부산에서 독창회를 열어서 부산문화회관을 다녀왔다. '바리톤 지광윤 독창회, 아름다운 마겔로네' 연주회였다. 브람스의 유일한 연가곡을 연주하는데 모르는 독일어로 노래 부르니 이해가 쉽지 않았다. 해설자가 있어 곡 중간에 설명하여 주는데도 쉽게 이해되지 않았다. 연주자의 표정과 분위기로 느낌을 파악하는 정도였는데, 대중가요였다면 훨씬 이해가 빨랐겠다.

3부 성가대 찬양이 좋아 은혜 넘치는 곡을 듣게 하여 주셔서 감사하다고 가끔 인사를 하였고, 지휘자 선생님은 할아버지 기도가 은혜 넘친다고 이야기하는, 그 정도로 알고 지내는 사이다. 할머니가 부산에서 독창회가 열린다는 소식을 듣고 예매하였는데, 특별하게 좋은 자리를 지정해 주셨다. 맨 앞 두 줄은 비어 있고, 세 번째 줄 한 가운데 자리였다. 우리를 아주 중요한 관객으로 대우해 주셔서 감사했다. 멀리까지 찾아와 주셔서 감사하다고 공연 끝나고 따로 전화를 주셨다. 부산 가덕도에서 소양 무지개 동산이라는 보육원을 운영하고 있는데 꼭 오라고 하시니 한번 찾아가 봐야겠다.

사람을 만나 교제하며 지내는 일이 기쁜 일이다. 할머니가 가장 잘하는 일이고 할아버지가 가장 못하는 일이다. 독창회를 찾아갔던 일로 인하여 지광윤 지휘자와 조금 더 친해지지 않을까? 개인적인 만남이 소중하다. 잘 모르는 노래였지만 다음에 들으면 조금 익숙해지지 않을까? 음악과 미술과 예술은 자주 많이 접할수록 더 많이 이해될 것 같다. 새로운 사람을 만나고, 새로운 일을 경험하는 것이 좋아 보인다. 은퇴 이후에 시간도 많은데 여기에도 관심을 가져야겠다.

하나님께서 쁘니에게 예술에 관한 특별한 달란트를 주시면 좋겠다. 엄마가 소질이 있으니 엄마를 닮았으면 예술성이 많지 않을까? 쁘니가 성악에 소질이 있고 그 소질이 잘 계발되어 나중에 커서 독창회를 하면 좋겠다. 멋진 사람들을 만나면 우리 손주들을 생각한다. 나중에 우리 손주들도 저런 사람이 되면 좋겠다고 기도한다. 아윤이와 재윤이는 이미 와 있고 조금 있으면 지온이도 온다.
주말은 손주들과 같이 지내는 신나는 시간이다.

**2023년 9월 23일
쁘니를 사랑하는 할아버지가**

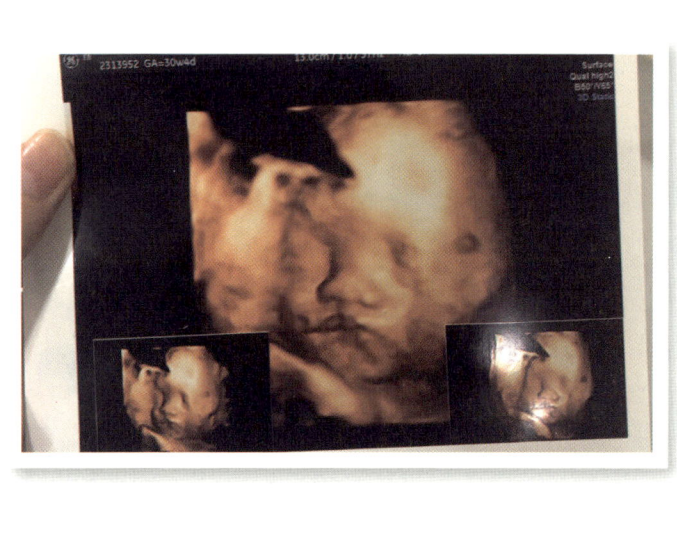
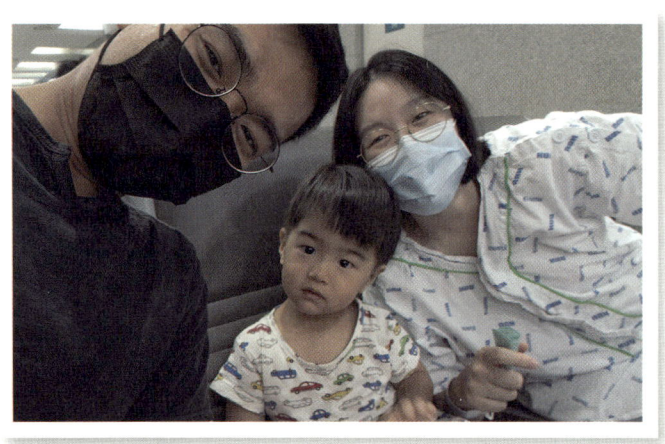

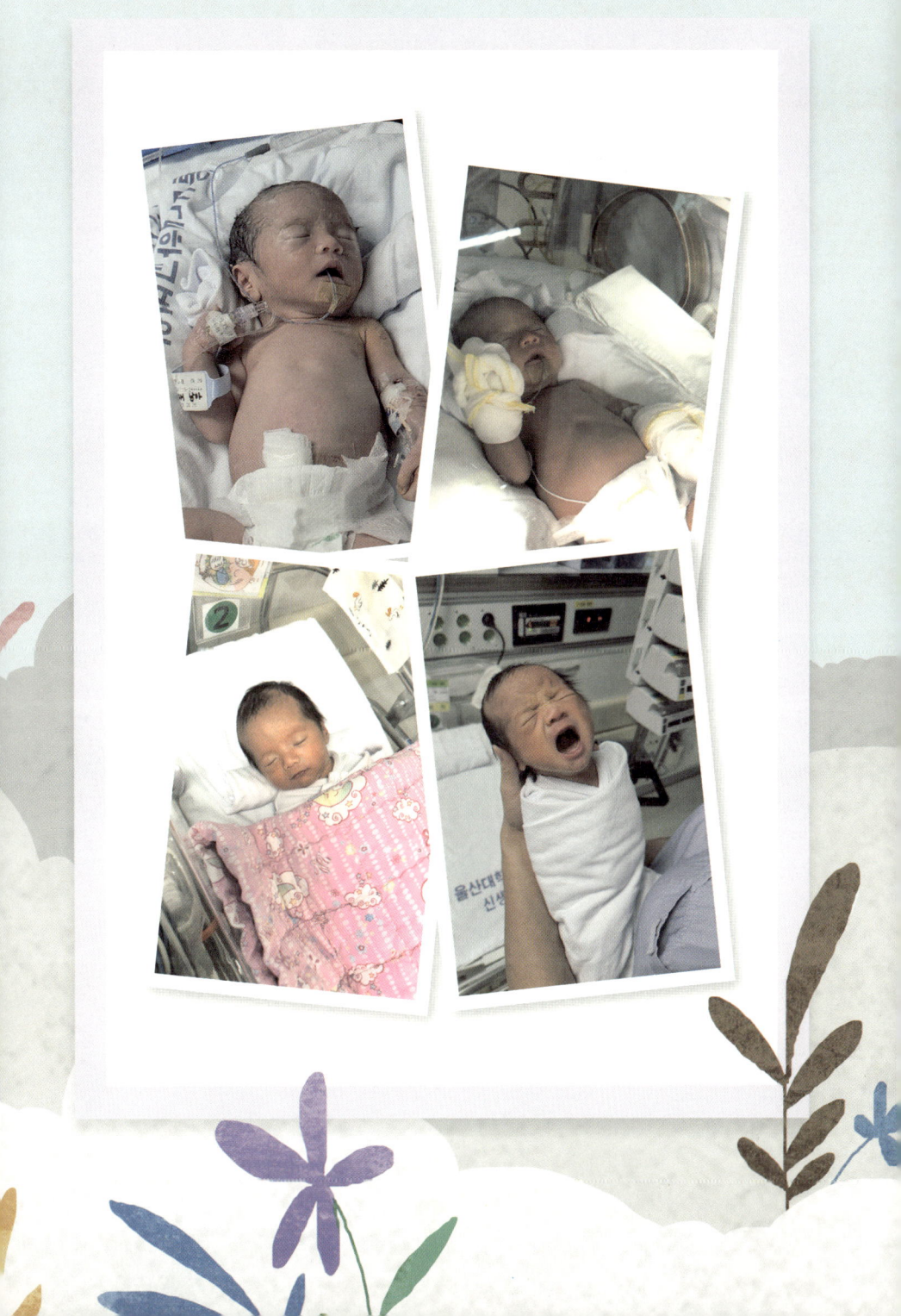

지엘이에게 보내는 첫 편지

사랑하는 손자 지엘이에게

지엘이가 벌써 세상에 나왔는데, 할아버지가 베트남 나트랑에 있는 9월 26일에 엄마가 출산하여서 이제 편지를 쓴다. 9월까지는 쁘니에게 편지를 썼는데, 10월부터는 지엘이에게 편지를 쓴다. 지엘이가 세상에 나왔지만, 아직 만나지 못하였다. 병원에서 퇴원하여야 만날 것 같다. 지엘이를 만나 본 아빠가 예쁘다 하여 예쁜 지엘이를 어서 보고 싶다.

엄마가 인스타그램에 지엘이 이야기를 자세히 적었다. 많이 아팠는데 할아버지가 잘 몰랐다. 힘들게 지엘이를 낳았다. 모든 엄마가 자녀를 힘겹게 낳지만, 지엘이 엄마는 특별히 더 힘들었다. 지엘이가 엄마의 수고를 기억하면 좋겠다. 할아버지 편지에 엄마 이야기를 저장해 두고 싶은데, 인스타그램 이야기를 복사하여서 저장하는 방법을 모르겠다. 나중에 알아서 저장하여 두마.

엄마가 셋째를 임신하지 않는다 하면 지엘이가 할아버지의 마지막 손주가 되겠다. 남들은 한 명도 없는 손주를 4명이나 두었으니 감사하다. 두 명의 자녀와 며느리를 두었는데, 4명의 손주를 보았다. 감사한 일이다.

추석 연휴 중이어서 아윤이, 재윤이, 지온이가 할아버지 집에서 모였다. 손주들이 뛰어노는 모습을 보는 것 큰 즐거움이다. 9살 아윤이, 6살 재윤이, 3살 지온이, 1살 지엘이가 있다. 지금도 좋지만 10년 뒤는 얼마나 좋을지 상상해 본다. 할아버지는 74세가 되고, 19살 아윤이는 고등학교 3학년이 되었겠다. 16살 재윤이는 중학교 3학년, 13살 지온이는 초등학교 6학년, 지엘이는 11살 초등학교 4학년이 되었겠다. 20년 뒤는, 30년 뒤는… 지금보다 내일이 더 좋아지기를 간절히 기도한다.

사랑하는 하나님.
지엘이가 세상에 태어났습니다. 이름처럼 하나님을 깊이 아는 지엘이가 되면 좋겠습니다. 하나님을 아는 지식이 가장 귀한 지식인데, 우리 지엘이가 하나님을 잘 알게 하여 주시옵소서! 하나님을 사랑하고, 하나님이 사랑하는 세상 사람들을 사랑하는 지엘이가 되도록 하나님, 지엘이의 삶을 인도하여 주시옵소서!

아브라함의 하나님이 이삭의 하나님이 되셨고, 이삭의 하나님이 야곱의 하나님이 되셨듯이, 할아버지의 하나님이 아버지의 하나님이 되시고, 아버지의 하나님이 아들의 하나님이 되게 하여 주시옵소서! 믿음의 대가 이어지게 하여 주시옵소서!

산후 회복 중인 며느리 나래를 위해 기도합니다. 건강이 잘 회복되도록 하나님 도와주시옵소서! 수술 부위가 잘 아물게 하여 주시옵소서!

2023년 10월 2일
지엘이를 사랑하는 할아버지가

귀하게 쓰임받는 기쁨

사랑하는 손자 지엘이에게

바쁘게 일주일을 지내고 다시 일상으로 돌아왔다. 중학교 때 교회 친구 일훈이 부부가 미국에서 와서 일주일간 같이 지내느라 편지를 쓰지 못하였다. 여행 중간에도 쓸 수 있었을 텐데 생각도 하지 못했다. 통영을 2박 3일 다녀오고, 서울에 갔다가 어제 밤늦게 두동에 왔다. 다시 책상에 앉아 지엘이에게 편지를 쓴다.

지엘이가 집에 왔다. 매일 사진으로 지엘이를 본다. 아빠 모습도 있지만 엄마 모습이 더 많다. 약간 여성스러운 예쁨이 있다. 아빠 엄마의 멋진 모습을 닮아 예쁜 지엘이 모습을 본다. 다음 주에는 직접 지엘이를 볼 수 있겠다. 그날을 기다린다. 지온이가 동생 지엘이를 바라보는 사진이 참 예쁘다. 할머니가 카톡 대문 사진으로 쓰고 있다. 지온이와 지엘이가 평생 사이좋은 형제로 지내면 좋겠다고 기도드린다.

지엘이가 조금 일찍 세상에 나와서 건강이 걱정된다. 걱정되는 마음을 기도로 올려 드린다. 잘 먹고, 잘 자고, 건강하게 잘 자라기를, 하나님께서 우리 지엘이를 눈동자처럼 지켜 주시기를 새벽마다 기도한다. 세상에 당연한 것은 하나도 없다. 당연한 것이 아니라 하나님의 은혜다. 그 은혜를 누리며 산다. 10년 뒤에는 지온이보다 지엘이가 더 크지 않을까? 더 건강해 있지 않을까? 그럴 수 있으면 좋겠다.

토요일에는 GSM 선교의 밤에서 간증하였다. 부끄러운 간증인데 여러분들이 은혜가 되었다고 하니 감사한 일이다. 20여 년 전, 아버지학교에서 간증한 적이 있었다. 별것 아닌 간증인데 은혜가 된다고 여기저기 불려 다니면서 간증하였다. 비슷한 간증을 10년 동안 하였던 것 같다. 선교의 밤에 했던 간증도 몇 번은 더 할 것 같다. 주일에는 동안교회 2부 예배에서 기도하였다. 기도할 때마다 참 좋은 마음이다. 준비하는 시간도 좋고, 기도하는 시간도 좋다. 예배에 어울리는(?) 기도를 드리는 것이 좋다. 천편일률적인 장로님 기도가 아니어서 다행이다. 좋은 마음을 하나님이 주셨다. 오늘은 콩그레가시옹 10월 모임에서 '성도가 바라본 설교와 목회'라는 주제로 발제한다. 하나님께 쓰임받는 것 같아서 좋다. 우리 집에서 모임 갖는데, 할머니가 점심 식사를 준비하기로 하였다. 목사님들 좋아하실 것 같아 기대된다.

　　오후에는 이모할머니가 오셔서 1박 2일 지내시다 가고, 수요일부터 주일까지는 증조할머니 동생 할아버지 부부가 오셔서 지낸다. 목요일부터 토요일까지 고모할머니 부부와 여수 여행을 가시는데, 그 사이 금요일과 토요일에는 미국에서 오시는 GSM 목사님 부부를 비롯한 팀이 와서 지내다 간다. 바쁘게 일주일을 지낼 것 같아 좋다. 우리 기도에 선하게 응답하시는 하나님이시다. '하늘 바람 집'이 귀하게 쓰임받아 감사하다.

2023년 10월 16일
지엘이를 사랑하는 할아버지가

어제보다 오늘이 더 좋은 삶

사랑하는 손자 지엘이에게

날씨가 무척 추워졌다. 새벽 기도 가는데 겨울 점퍼를 입고 목도리를 두르고 갔다. 주말에는 더 추워진다는데 겨울이 다가오고 있다. 이모할머니와 동네를 산책하는데 벌써 벼를 수확한 논들이 많다. 다음 주가 지나면 모든 논이 추수할 것이다. 한 계절이 가고, 한 해가 가고 있다. 다음 주면 지엘이가 세상에 나온 지 한 달이 된다. 빠르다.

멋진 오두막이 지어지고 있다. 이번 주에는 완성되지 않을까 싶다. 내부 공사는 거의 끝났고 외부 공사만 조금 남았다. 시멘트 사이딩으로 외벽을 마무리하고, 도배하고, 페인트칠하고, 전등 달면 끝이다. 오두막이 아니라 거실 수준이다. 데이브 소로의 《월든》을 읽으며 오두막에서 살았던 소로가 부럽던 적이 있었다. 나도 그럴 수 있을까? 호수 옆에 오두막을 짓고 자연과 더불어 살아간다면 멋지지 않을까? 이루어지지 않을 막연한 어린 시절의 꿈이었다. 집도 없던 시절인데 오두막이라니! 호숫가는 아니지만, 정원 모퉁이에 멋진 오두막을 짓고 있다. 생각만 하였는데 생각이 현실이 된다. 얼마나 감사한지 모르겠다. 꿈 같다.

다음 주부터는 오두막에서 편지를 쓰겠다. 아침에 일어나서 오두막으로 출근하여 큐티도 하고, 편지도 쓰고, 기도도 하고, 책도 읽고…. 생각만 해도 행복하다. 할머니와 자주 하는 이야기다. 할아버지 평생에 지금이 가장 행복하다. 20대 젊은 시절로 가고 싶지 않다. 그때 이루고 싶었던 것을 다 이룬 지금이 더 좋다. 30대 시절보다 40대 시절이 좋았고, 40대보다는 50대가, 50대보다는 정년퇴직한 지금이 가장 좋다. 인생의 황금기다. 눈물을 흘리며 씨를 뿌렸더니 기쁨으로 추수하는 마음이다. 씨뿌리는 시절도 좋았지만 추수하는 시절이 더 좋다. 감사함이 가득하다.

지엘이도 할아버지처럼 어제보다 오늘이 더 좋고, 오늘보다 내일이 더 좋은 삶을 살면 좋겠다. 후회가 가득한 인생이 아니라 감사가 가득한 인생을 살면 좋겠다. 누가 할아버지에게 어떻게 그렇게 좋은 인생을 사셨습니까? 묻는다면 대답해 줄 말이 있다. "어린 시절부터 예수님을 믿었기 때문입니다. 교회를 다녔기 때문입니다. 예수님 말씀대로 살려고 조금 노력하였더니 하나님께서 복을 주셨습니다. 상상만 하였던 일들을 이루며 살게 되었습니다." 이렇게 대답할 수 있다. 지엘이도 예수님 잘 믿어 할아버지처럼 감사가 가득한 삶을 살아라! 멋진 하나님의 사람으로 살아가기를 기도한다.

지금은 둘째 외증조할아버지 부부가 계시는데, 오늘 여행 떠나시면 내일은 GSM 선교회팀 7명이 오신다. 서울 선교대회 끝내고 대구 선교대회 섬기러 오시는 중에 하루 우리 집에서 묵기로 하셨다. 손님들이 찾아 주셔서 좋다. 바빠서 좋다.

**2023년 10월 19일
지엘이를 사랑하는 할아버지가**

천국에서의 삶이 이렇지 않을까?

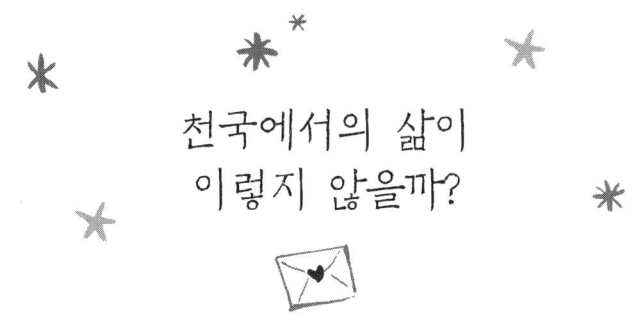

사랑하는 손자 지엘이에게

GSM 선교회 분들과 1박 2일을 지냈다. 많은 손님이 찾아오셨지만 가장 귀한 분들이셨다. 천국의 삶이 이렇지 않을까? 천국에서는 어떻게 사는지 궁금하였는데, 우리가 보냈던 1박 2일이 마치 모형 같다. 하나님을 찬양하며, 하나님께 감사하며, 나보다 남을 낫게 여기며, 서로를 뜨겁게 사랑하며, 항상 기뻐하며, 범사에 감사하며, 기도하며 지냈다. 한 분 한 분 도전이 되는 삶을 사신다.

대표 목사님이신 김경식 목사님과 김경진 사모님은 특별하신 분이다. 하나님의 마음을 품고 사시는 분들은 어떻게 사는지 배웠다. 두동성산교회에서 기도할 때, 수고하시는 목사님과 사모님을 위해 기도하시는데 내가 울 뻔하였다. 하나님의 마음이 전해진다. 우 권사님이 인사하시는데 하나님의 위로가 전해진다. 말이 아니라 살아가는 모습이 설교다. 말없이 순종하며 내조하시는 사모님의 헌신도 볼 수 있어서 감사하였다. 본인이 하시고 싶은 일도 많은데, 주를 위하여서, 목사님 사역을 위하여서 기꺼이 희생하시며 사신다. 사무총장 이헌 목사님도 대단하시다. 늦은 나이에 목회 부름을 받고 그 역할을 잘 감당하시기에 애쓰시는 모습이 눈에 보인다. 하나님을 사랑하는 마음으로 GSM을 위해 애쓰시는 것이 얼마나 보기 좋았는지! 같이 차를 타고 다니면서 조금 더 깊게 교제할 수 있어서 좋았다. 본부 회계 간사이신 서성경 권사님도 같은 차를 타고 다녔다. 보이는 풍경마다, 먹는 음식마다 감탄하며 좋아하시는 모습이 얼마나 보기 좋았던지! 감사가 몸에 배었다. 오랜 시간 믿음으로 단련된 내공이 느껴진다. 미국에서 오신 김영자 권사님도 배울 것이 많은 분이시다. 지갑에 있는 모든 돈을 털어 성도들 식사 비용으로 주시는 모습을 보았다. 할아버지가 보기에 당황스러운 모습인데, 권사님은 하나님을 위하여서 평생을 그렇게 사셨다. 그런 분들이 계셔서 하나님 나라가 확장되었다. 감사한 일이다. 한국에서 오신 홍순복 사모님과 조월득 사모님도 얼마나 좋은 분이신지! 목사님 사모님으로 평생을 사신 분들이시다. 남을 배려하며, 나보다 남을 낮게 여기는 마음으로 사신 것, 작은 행동 하나하나에서 볼 수 있었다. 귀한 분들과 1박 2일을 지내는데, 천국에서의 삶이 이렇지 않을까 싶은 마음이 들었다.

예수님을 잘 알지 못하는 사람들도 와서, 우리가 보냈던 1박 2일을 지내면 세상과 다르게 살아 행복하게 사는 사람이 있다는 걸 알고 감탄하게 되지 않을까? 상상하여 본다. 할아버지를 새롭게 만나는 사람들이 이런 느낌을 받을 수 있으면 좋겠다. 새로운 기도 제목이다. 할아버지처럼 우리 지엘이가 살아가는 삶 속에, 좋은 사람들 많이 만나는 복을 주시면 좋겠다고 기도한다. 복 중에 가장 큰 복이다. 감사한, 아주 많이 감사한 1박 2일이었다.

2023년 10월 23일
지엘이를 사랑하는 할아버지가

하나님의 방법으로
세상을 살자

사랑하는 손자 지엘이에게

지엘이가 건강하게 잘 자라고 있다는 소식을 들었다. 한 달 만에 병원 진료를 받았는데 모든 수치가 정상적이란다. 감사한 일이다. 같이 수술받고 아직도 인큐베이터에 있는 친구들도 있는데, 지엘이는 건강하게 잘 자랐다. 건강하게 잘 자라기를 기도한다.

수능이 21일 남았다. 아니, 어제가 21일이었으니 오늘은 20일 남았다. 동안교회에서 수능 한 달을 앞두고 매주 목요일 3주 동안 학부모 기도회가 열린다. 첫날 기도회 특강을 부탁받고 서울에 다녀왔다. 아침에 올라갔다가 저녁에 강의하고 다시 내려와서 조금 피곤했다. 오늘 또 서울에서 손님이 오시기로 하여서 부지런히 다녀왔다.

학부모들 앞에서 강의하는 것은 할아버지가 가장 잘하는 일이다. "하나님의 방법과 사람의 방법은 다르다. 사람의 방식은 100m 달리기를 출발점에서 같은 도착점을 향하여 달려가는 것이어서, 1등부터 꼴등까지 순서를 정한다. 하나님의 방식은 원 한가운데서 각자 자기 방향으로 뛰어가는 것이어서 누구나 1등을 할 수 있다. 하나님은 모든 사람을 사랑하기에 누구나 다 행복하게 잘 살기를 원하신다. 승자와 패자가 있는 것이 아니라, 주어진 자기 삶을 열심히 살아가는 사람은 누구나 승자가 될 수 있다. 수능 잘 보면 위너이고, 수

능 못 보면 루저인가? 부자면 위너이고, 가난하면 루저인가? 아니다! 잘못된 사고방식이다. 하나님의 식은 다르다. 그 믿음으로 부모인 우리가 먼저 살고, 우리 자녀들에게도 가르치자!" 할아버지 친구 이야기를 예로 들면서 강의하는데 좋았다. 적어도 할아버지는 그렇게 살려고 애썼던 것 같다.

지엘이는 무엇을 잘할까? 우리 하나님께서 무슨 귀한 달란트를 주셨을까? 지엘이가 좋아하고 잘하는 일을 하면서 평생을 행복하게 살기를 기도한다. 아빠 엄마가 하나님 주신 달란트를 잘 발견하여 키워 주면 좋겠다.

사랑하는 하나님.
한 달 동안 지엘이를 건강하게 지켜 주어서 감사합니다. 잘 먹고, 잘 자고, 잘 자라게 하여 주셔서 감사합니다. 우리보다 더 지엘이를 사랑하시는 하나님이심을 믿습니다. 지엘이에게 필요한 것을 가장 잘 아시는 하나님, 가장 좋은 것으로 지엘이의 삶을 채워 주시옵소서! 어제보다 오늘이 너무 좋은데, 오늘보다 내일이 더 좋게 하여 주시옵소서! 사랑하는 손녀 우리 아윤이, 사랑하는 손자 재윤이 지온이에게도 같은 은혜를 주시옵소서! 예수님 이름으로 기도합니다. 아멘.

2023년 10월 27일
지엘이를 사랑하는 할아버지가

오두막: 꿈이 이루어졌다

사랑하는 손자 지엘이에게

11월이다. 한 달만 지나면 2024년이다. 한 해를 마무리하는 시간이다. 올 한 해 큰일들이 많았다. 33년간 다니던 학교를 정년퇴직하고, 63년을 살았던 서울을 떠나 두동으로 이사했고, 평생 처음 친구들과 하와이 크루즈 여행을 다녀왔다. 그런 일들이 지엘이가 태어나지 않았으면 가장 큰 일이 되었을 텐데, 올 한 해 가장 큰 일은 지엘이가 태어난 일이다. 좋은 일들이 아주 많았던 2023년이다.

어제는 온종일 오두막에 있었다. 아직 조명이 설치되지 않았지만 전기는 들어온다. 컴퓨터를 작동할 수 있고 스탠드 켜서 불을 밝힐 수 있다. 책도 보고 글도 쓰고 유튜브 동영상도 보고, 주변 경관도 보고 낙서도 하고 차도 마셨다. 꿈을 꾸는 것 같다. 아무나 누릴 수 없는 특별한 은혜를 받았다. 이런 공간이 있으면 좋겠다고 생각은 했지만, 실제가 될 것 같지는 않았다. 돈 많은 부자나 가질 수 있는 공간이라고 여겼는데 내가 가졌다. 무엇 가지면서 좋았던 기억을 생각해 보았다. 1990년 프라이드 자동차를 처음 샀었다. 그때 너무 좋았던 기억이 있다. 남들 다 가지는 자동차를 나도 가질 수 있었다. 그때보다 지금이 더 좋다. 남들 가지지 못한 멋진 개인 공간을 가지게 되었다. 무엇보다도 상상만 하였던 꿈이 이루어져서 행복하다.

오두막으로 아침에 출근하고, 저녁에 퇴근해야겠다고 생각한다.

더 나이가 들면 책을 읽지 못하고, 글을 쓰지 못하는 시간이 올 것이다. 그때가 오기 전에 최선을 다하여 좋은 장소에서 좋은 시간을 보내기로 결심한다. 10년은 더 하지 않을까? 20년도 가능할까? 아름답게 늙어 가기를 꿈꾸며 기도하고 꿈을 꾸는데 꿈이 이루어질 것 같다. 어제의 꿈이 오늘 이루어졌으니, 오늘의 꿈이 내일 이루어질 것이 믿어진다.

꿈은 이루어진다. 2002년 월드컵 때 우리나라의 구호였다. 맞다. 꿈은 이루어진다. 지엘이가 꿈꾸며 살아가기를 기도한다. 이런 사람이 되고 싶다고 꿈꾸며 기도하며 살아간다면, 어느 날 그렇게 되어 있는 네 모습을 보게 될 것이다. 꿈은 이루어진다는 믿음을 가지고 살아가는 것은 행복한 일이다. 성경은 꿈을 소망이라는 단어로 표현하였는데, 믿음과 소망과 사랑이 소중하다.

사랑하는 하나님.
오두막을 주셔서 감사합니다. 어린 시절의 꿈을 이루어 주셔서 감사합니다. 멋진 노후를 꿈꾸고 있는데 이 꿈도 이루어 주실 것이 믿어집니다. 가장 멋진 은퇴 이후의 시간을 허락하여 주시옵소서! 우리 손자들에게 꿈은 이루어진다는 좋은 본을 보이는 삶을 살게 하여 주시옵소서! 믿음을, 유산을 남기는 좋은 부모 되게 하여 주시옵소서!

2023년 11월 1일
지엘이를 사랑하는 할아버지가

절망의 마음을
기도의 제목으로

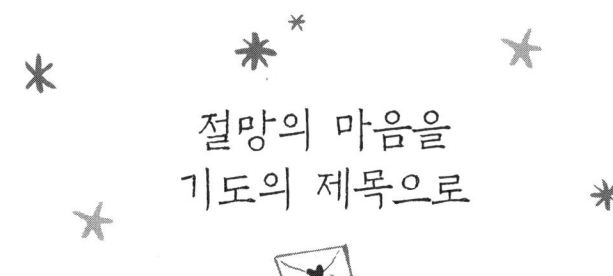

사랑하는 손자 지엘이에게

통통하게 살이 오른 지엘이 사진을 본다. 우유를 먹는 모습도 보고, 천사처럼 예쁘게 잠들어 있는 모습도 본다. 얼마나 감사한지! 혹시 아프지 않을까? 혹시 어디 불편하면 어떻게 하나? 걱정하며 지냈던 날들이 있어서, 오늘 지엘이 모습을 보면서 더욱 감사하게 된다. 어제의 속상함이 오늘의 감사 제목이 된다.

지엘아!
살다 보면 속상한 일이 있단다. 답답한 일이 생기기도 한다. 앞뒤가 막혀서 어디로 가야 할지 모를 때도 있다. 그때는 견디기 힘들지만, 조금 지나면 문제가 해결되어 있음을 알고 감사 기도를 드리게 된다. 할아버지가 살아온 인생이 그렇다. 지엘이가 살아갈 인생도 그러면 좋겠다고 기도한다.

할아버지 생각은 언제나 여기까지였다. 생각이 더 나아가지를 못하였다. 오늘은 조금 다르다. 연말 당회가 열려서 서울을 다녀왔다. 2023년 한 해를 마무리하고 2024년 새로운 한 해를 계획하는 시간이다. 가장 큰 토론 주제가 청년대학부 이야기였다. 동안교회의 가장 큰 자랑이 대학 청년부였는데, 코로나 이후 출석 인원이 반으로 줄었다. 다시 우리 동안교회 청년대학부가 부흥할 수 있을까? 걱정하는 마음이 많다. 이렇게 고쳐 보기도 하고, 저렇게 고쳐 보면서 부흥을 꿈꾸지만, 이제는 시대가 바뀌어서 불가능할 것 같은 마음이 많다. 지엘이에게 편지를 쓰면서 마음이 바뀌었다. 이 절망의 마음에서 믿음을 가지고 기도하여야겠다는 생각이 들었다. 감사한 일이다.

조금 더 나아가서 나라를 생각하는 마음도 비슷하다. 정치하는 사람들이 마음에 들지 않는다. 여당이든 야당이든 나라를 위하는 마음보다 자기 이익만 생각하는 못난 사람 같다. 경제가 너무 어렵다는 이야기를 듣는다. 총체적으로 구조를 바꾸어야 하는데 제대로 대응하지 못하여서 더 큰 어려움으로 빠져드는 것처럼 보인다. 이러다가 남미 국가들이 겪었던 경제 위기를 겪는 것은 아닐까? 염려된다. 하지만 걱정하며 절망하고 주저앉아 있기보다는 소망을 가지고 기도해야 한다는 기특한 생각을 한다. 감사한 일이다.

사랑하는 하나님.
지엘이를 건강하게 튼튼하게 잘 자라게 하여 주셔서 감사합니다. 우리 인생을 주관하시는 하나님께서 역사도 주관하심을 믿습니다. 동안교회 청년대학부가 다시 한번 부흥하여, 하나님의 역사를 만들어 가는 하나님의 병사들을 잘 양육하게 하여 주시옵소서! 이 나라를 지켜 보호하여 주시옵소서! 백성을 위한 정치가 회복되게 하시고, 무너져 가는 경제를 회복시켜 주시옵소서! 예수님 이름으로 기도합니다. 아멘.

2023년 11월 4일
지엘이를 사랑하는 할아버지가

시편 127편, 말씀이 이루어진 집

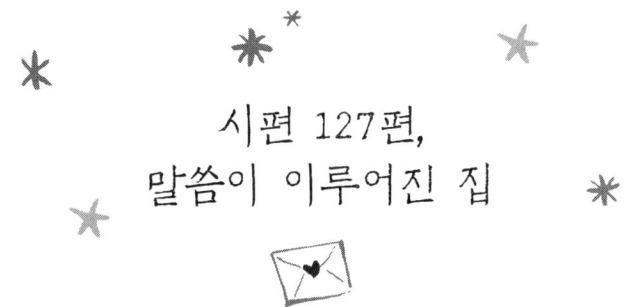

사랑하는 손자 지엘이에게

가을은 여름이 끝나고 겨울이 시작되는 시기이다. 지금까지는 여름이 끝나는 가을이었는데, 오늘은 겨울이 시작되는 가을 같다. 벌써 추워져야 하는데 지구 온난화로 계속 따뜻하기는 하였었다. 추운 겨울이 시작된다. 창가에 하얀 서리가 생긴다. 내년 봄이 되기까지 긴 겨울이 이어진다. 두동에서 처음으로 겨울을 맞는다. 기대된다.

서울에서 동안교회 장로님들 18분이 오셨다. 연말에 은퇴하시는 장로님들과 같이 마지막 여행을 떠나는데 올해는 경주-울산 코스로 잡아, 멀리 이사 온 할아버지 집에 이사 심방을 오셨다. 저녁 식사로 바비큐 파티만 하여도 좋은데 할머니가 정성스럽게 많은 요리를 준비하여서 근사한 파티를 하였다. 장로님들 모두가 너무 만족스러워하셨다. 멀리 창원에 사는 할머니 친구분도 오셔서 많은 요리를 만들어 주셨다. 얼마나 감사한지! 같이 이사 감사 예배도 드리고, 은퇴하시는 장로님들 축하도 해 드리고, 찬양도 부르고, 서로 기도하는 시간도 가졌다.

오시는 분들마다 '하늘 바람 집'을 부러워하신다. 좋은 장소에, 좋은 집을 지어서, 가까운 곳에 사는 사랑하는 자녀들과 행복한 시간 보내는 것을 몹시도 부러워하신다. 누군가에게 부러움의 대상이 된다는 것은 감사한 일이다. 김상곤 장로님이 시편 127편 말씀으로 설교하시면서 이미 말씀이 이루어진 것을 우리가 보고 있다고 이야기하시는데, 크게 감사하였다. 말씀이 이루어졌다. 두 자녀가 장성하여 가정을 꾸미고, 손녀 손자들을 낳아 키운다. 모든 집이 받은 복이 아니다. 평생 교회를 섬기며 지냈는데도 아직 그 복을 받지 못하여서 기도하시는 장로님들도 계신다. 노후에 할아버지만큼 세상의 복을 누리며 사시는 장로님들 별로 없다. 감사한 일이다.

장로님들이 우리 가정을 위하여 기도하시며 자녀들이 부모 세대보다 더 나은 믿음의 장부들이 되게 해 달라고 기도하셨다. 장로님들은 고모와 아빠의 어린 시절을 잘 알고 계신다. 여울이와 재하를 부르며 기도하는 소리를 듣는데 참 행복했다. 장로님들의 기도처럼 아빠가 할아버지보다 더 나은 하나님의 일꾼이 되면 좋겠다. 지온이와 지엘이가 아빠보다 나은 하나님의 용사가 되면 좋겠다. 우리 기도에 언제나 선하게 응답하여 주신 하나님께서 그날도 주시지 않을까? 주실 것이 믿어진다.

어제 준비하였던 음식이 남아 지엘이네 집으로 가져다주기로 하였으니, 오후에 지엘이 자란 모습을 볼 수 있겠다. 오늘 읽은 성경 말씀이 성령을 받으면 늙은이가 꿈을 꾼다는데, 할아버지가 꿈을 꾼다. 지엘이 10년 뒤 모습을, 20년 뒤 모습을 상상하니 행복하다. 몸도 마음도 믿음도 건강하게 잘 자라 하나님이 귀히 쓰는 하나님의 용사가 되어 있을 지엘이 모습이 그려지니 너무 좋다. 그날을 빨리 보고 싶다!

2023년 11월 11일
지엘이를 사랑하는 할아버지가

며느리 나래의 생일을 축하하며

사랑하는 손자 지엘이에게

9월에는 지온이와 지엘이 생일이 있고, 11월에는 아빠와 엄마의 생일이 있다. 11월 15일, 오늘이 엄마 생일이다. 내년이면 지엘이도 엄마 생일을 축하할 수 있을까? 내년은 조금 어렵고, 후년에는 같이 생일 케이크 촛불을 끌 수 있겠다. 지엘이의 엄마, 아빠의 아내, 할아버지의 며느리 한나래의 생일을 축하한다.

동안교회 대학 청년부는 인원이 많다. 부장을 하고 위원장을 하면서 여러 사람을 가까이서 만났다. '저 형제가 사위가 되면 좋겠다', '저 자매가 며느리가 되면 좋겠다' 싶은 형제자매가 많았다. 그러나 고모가 골라 온 고모부가 최고고, 아빠가 골라 온 엄마가 최고다. 참 좋은 사람이 할아버지 며느리로 우리 집에 왔다. 감사한 일이다. 사위가 잘못 들어와서 힘들어하는 가정들이 있다. 며느리가 잘못 들어오면 집안 분위기가 달라진다. 주변에서 힘들어하는 집들을 많이 보는데, 우리 집은 반대다. 사위와 며느리가 들어와서 집안 분위기가 더 좋아졌다. 하나님의 은혜다.

'며느라기'라는 제목의 만화도 있고, 드라마도 있다. 현재 한국에서 며느리가 겪는 어려움을 잘 표현하였다. 시부모와의 관계 때문에 어려움을 겪는 며느리들의 고충을 들으면서 그러지 않으리라 결심하였었다. 며느리인 엄마는 다르게 생각할지 모르지만, 할아버지 생각에는 우리 집은 <며느라기>가 이야기하는 모습과는 조금 다른데, 할아버지도 노력하였지만, 기본적으로 엄마가 좋은 사람이기 때문에 가능했다. 보통 뉴스에 나오는 신세대와 다르게 엄마는 어른을 공경할 줄 아는 신세대다. 좋은 사람이 며느리로 들어와서 얼마나 좋은지 모른다. 그 좋은 사람이 지엘이 엄마다.

할머니가 참 좋은 아내이자 며느리인데, 엄마도 참 좋은 아내이자 며느리다. 아빠가 자기 엄마를 닮은 좋은 사람을 아내로 맞이하였다. 지엘이도 자라서 장가를 갈 텐데 엄마를 닮은 좋은 사람을 아내로 맞이하지 않을까? 내가 살아서 지엘이 아내인 손자며느리를 볼 수 있을까? 30년 뒤면 94세인데, 혹시 장수하면 볼지도 모르겠다. 우리 집안 내력이 좋은 사람을 며느리로 맞이하니 지엘이도 좋은 사람을 아내로 맞이할 것 같다. 그러기를 기도한다.

사랑하는 하나님.
며느리인 나래의 생일입니다. 우리 나래에게 풍성한 하늘의 복을 내려 주시옵소서! 지금까지 삶도 너무 감사한 삶입니다. 좋은 달란트를 주셨고, 좋은 부모를 만났고, 좋은 교육을 받았고, 좋은 삶을 살게 하신 것에 감사합니다. 원하옵기는 지난날보다 이후의 삶이 더 좋은 삶이 되도록 하나님께서 은혜에 은혜를 베풀어 주시옵소서!

2023년 11월 15일
지엘이를 사랑하는 할아버지가

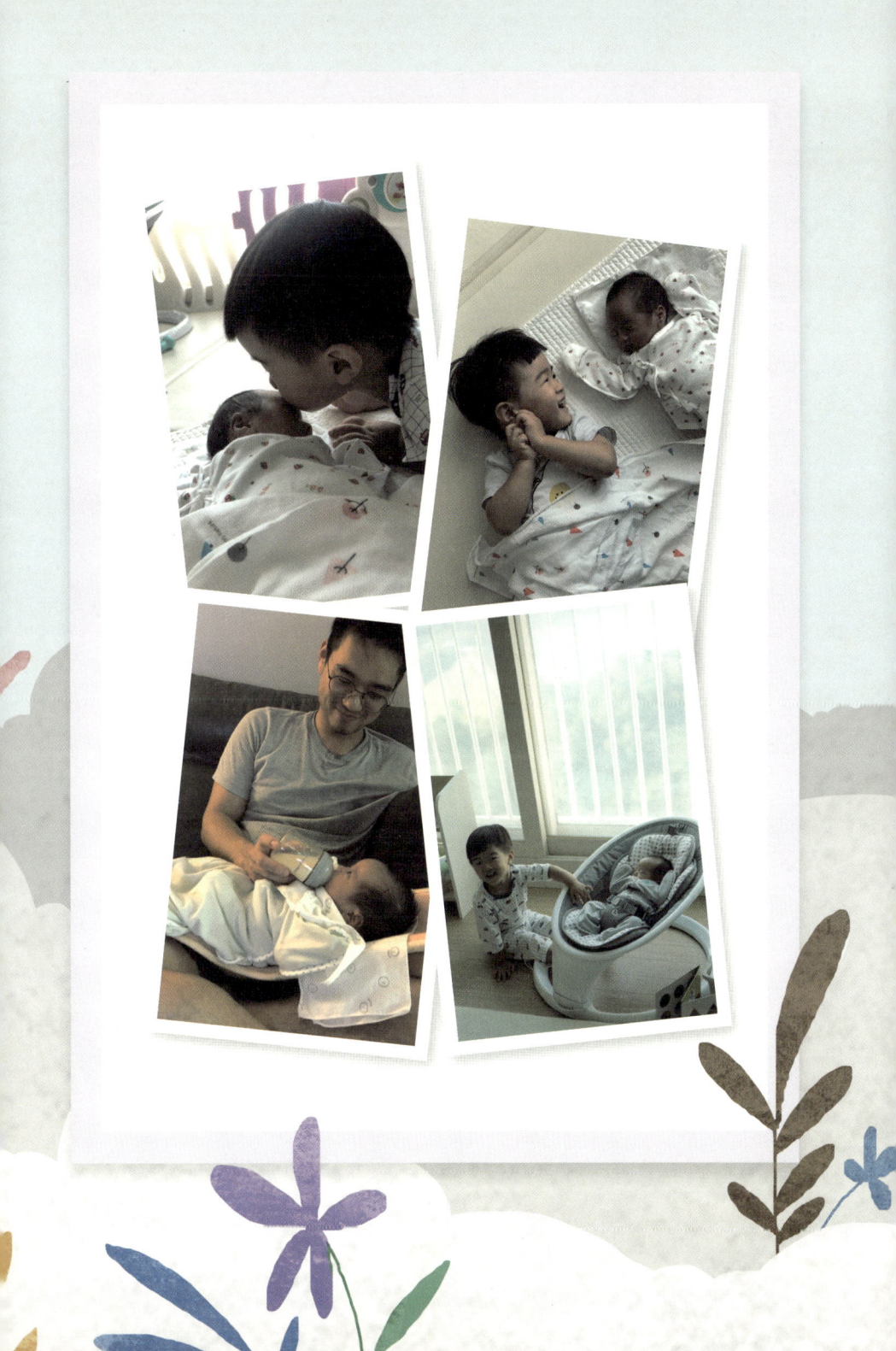

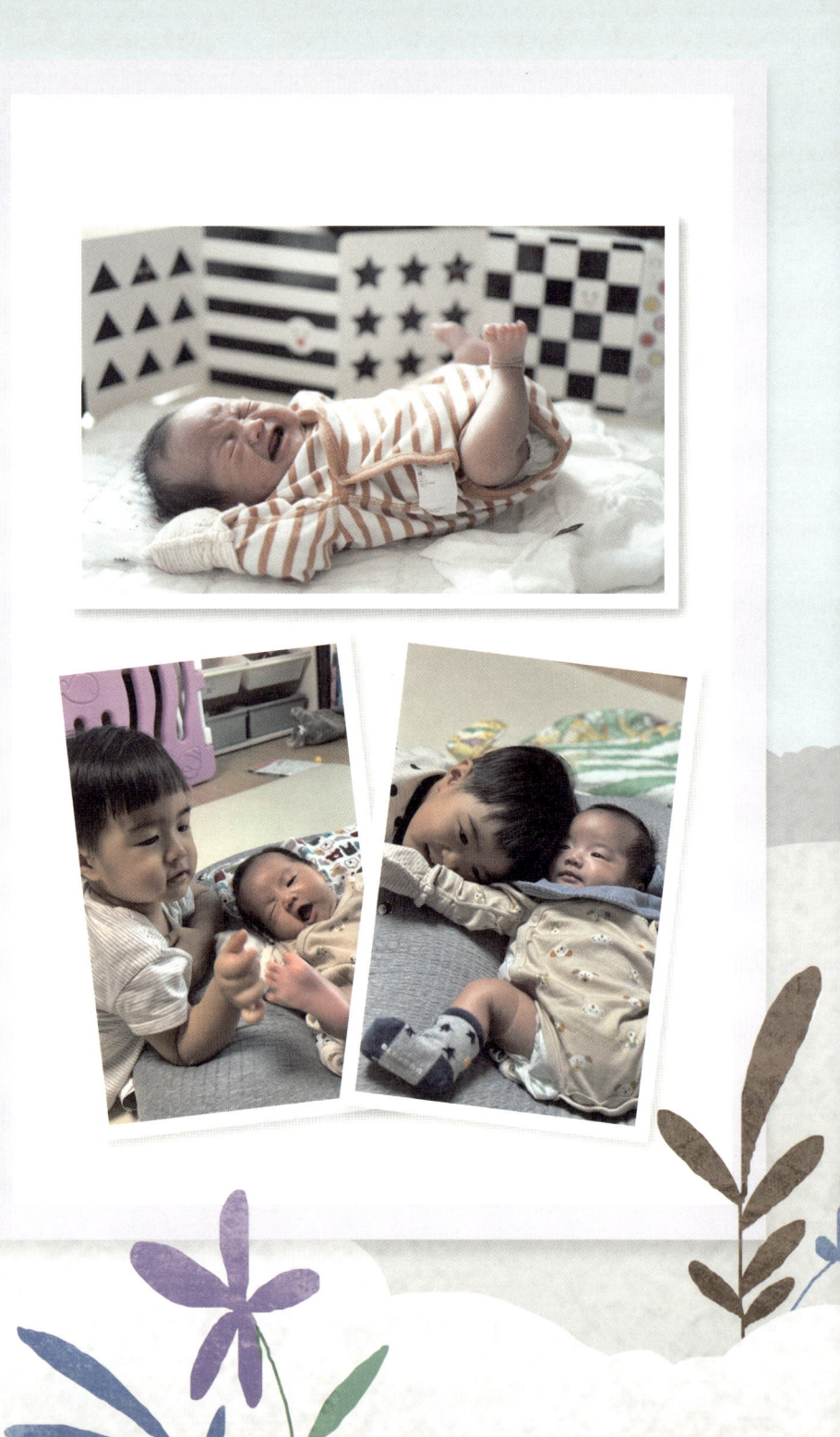

부고를 받으면서

사랑하는 손자 지엘이에게

강화 할아버지와 할머니가 집으로 올라가시기 전에 지온이와 지엘이를 보러 지엘이네 집에 간다. 아침 식사하고 떠날 예정이다. 보고 싶은 지엘이도 보고, 지온이와는 종일 두동에서 지낼 예정이다. 서울에서 두동으로 이사 와서 가장 좋은 점이, 언제든지 찾아가 손주들을 볼 수 있는 것이다. 10시에 만나자.

할머니의 베스트 프랜드는 황금옥 원장님이시다. 할아버지도 잘 알고, 고모와 아빠도 잘 아는 분이시다. 할머니보다 두 살 많으신데 친구처럼 지낸다. 시집가지 않으시고 평생 처녀로 살고 있다. 영암 유치원장을 평생 하시다가 정년퇴직 이후, 지금은 어린이집 원장을 하신다. 저녁 늦게 할머니가 연락받기로 자궁암이 발견되었단다. 예전에 유방암 수술을 하였는데, 다시 자궁암이 발견되었다. 연로하신 어머님과 같이 사는데 걱정이 많다. 할머니가 걱정하는 모습이 보기 안쓰럽다. 수술하면 생명에는 지장이 없겠지만, 지난한 치료 과정을 지내야 한다. 하나님께서 도와주시기를 기도한다.

일주일에 한 번은 동안교회에서 상례 문자가 온다. 지난주에는 서대용 은퇴 장로님 부고를 받았고, 어제는 김인선 은퇴 권사님 부고를 받았다. 그 중간에 안수집사님 아버님 부고도 있었다. 서울에 있었으면 문상 가야 할 장례다. 외증조할머니가 아프셔서 혹시 장례를 하는 것이 아닌가 걱정했었다. 황 원장님 소식을 들으면서 죽음이 우리 주변에 가까이 와 있다는 생각을 다시 한번 한다. 죽음에 관하여서 자주 묵상한다. 정년퇴직을 준비하였던 것처럼, 죽음도 잘 준비하리라 생각한다.

주변에서 암에 걸렸다는 이야기를 듣거나, 가까운 분들이 돌아가셨다는 부고를 받으면 죽음에 관하여서 한 번 더 생각하게 된다. 가장 먼저 드는 생각은 100세 시대라는 이야기를 많이 들어서, 아직도 30년은 남았다는 생각이 많다. 아무 준비 없이 죽음을 맞이할 것 같기만 하다. 오늘이 벌써 11월 24일이다. 11월이 끝나 간다. 3월에 이사 왔는데 9개월이 지났다. 다음 달이 지나면 2024년이다. 점점 빨라지는 시간이다. 30년이 남았다 하여도 그리 오랜 시간 같지 않다. 하루하루 정성스럽게 잘 살아 멋진 죽음을 맞이하리라 다짐한다. 책도 읽고, 강의도 듣고, 생각을 정리하고, 계획을 세우고, 잘 실천하고……

우리 손주들이 보기에 멋진 삶을 살다가 하나님 품으로 가면 좋겠다고 기도한다. 오늘 하루를 열심히 살아갈 이유다.

2023년 11월 24일
지엘이를 사랑하는 할아버지가

2023년 9대 뉴스

사랑하는 손자 지엘이에게

한 해를 마무리하는 시간이다. 보통 이때에는 올 1년 동안 무슨 일이 있었는지 되돌아보게 된다. 신문과 방송에서 10대 뉴스를 고르는 것처럼 나에게 있었던 9대 사건을 정리해 본다.

1) 9월에 지엘이가 할아버지 4번째 손주로 태어났다. 별일 없으면 지엘이가 마지막 손주다. 아윤이 누나가 시집가서 아이를 낳을 때까지는 우리 집에 아이가 없겠다. 지엘이가 태어난 것이 올 한 해 있었던 일 중에 가장 큰 일이다.

2) 2월에 33년 다녔던 학교를 정년퇴직하였다. 처음 등교하던 날이 1990년 3월 2일이었는데, 그날부터 33년간 같은 학교에서 근무하다 퇴직하였다. 31살에 시작하여서 64세에 끝냈다. 책 한 권을 써도 모자랄 만한 많은 이야기가 있다.

3) 3월에 울주군 두동면으로 이사를 왔다. 퇴계원에도 살고, 원당에서도 살았지만, 그곳은 서울 근교였다. 평생 서울을 떠나 살지 않았는데 퇴직 이후, 전원주택을 짓고 작은 시골 마을로 이사 왔다. 지엘이가 태어나지 않았으면 가장 큰 일이다.

4) 2월에 중학교 교회 친구들과 하와이 크루즈 여행을 한 것이 기억난다. 1973년 중학교 1학년 때 만났으니 50년 만난 친구들이다. 평생 같이한 친구들이랑 부부가 같이 여행하였다. 더할 나위 없는 행복한 순간이었다.

5) 4월에 GSM 선교회를 만나 동유럽 선교대회를 다녀온 기억이 난다. 좋은 사람들을 만나는 복을 받았다. 전방 선교사 후방 선교사 중에 근사한 사람이 많다. 미국 선교사님들이 울산까지 찾아오기도 하셨다.

6) 두동성산교회를 만나 예배드리는 것은 올해 시작한 일이다. 목사님, 사모님, 우 권사님, 최 권사님, 차 권사님, 윤 권사님… 보석같이 귀한 분들과 교제하며 지내는 것이 행복이다. 하나님의 인도하심을 간증하게 된다. 다음 한 해가 더 기대된다.

7) 두동성산교회에 엘리베이터를 설치할 수 있었던 것에 감사하다. 적지 않은 액수의 헌금을 기쁜 마음으로 할 수 있을 만큼 믿음이 자랐다. 주변 여러분들이 도와주어서 모자라는 액수를 채울 수 있었다. 얼마나 감사한지! 평생 가장 잘한 일 같다.

8) 옥수교회 강 목사님을 만나 동서남북선교회에서 하는 한글학교도 참여하고, 콩그레가시옹 모임에 참석하는 것은 감사한 일이다. 울산으로 이사 오게 하신 이유가 이 일이 아닐까 싶기도 하다. 귀한 사람들을 만나는 복을 받는다.

9) 8월에 한걸음 선교회와 몽골 선교 여행을 다녀온 것 역시 올해 있었던 일이다. 지엘이 외할아버지가 회장으로 섬기는 선교회다. 초등학교 교사를 하면서 방학마다 귀한 선교 일들을 하셨다. 몽골의 넓은 초원이 기억난다.

2023년 12월 13일
지엘이를 사랑하는 할아버지가

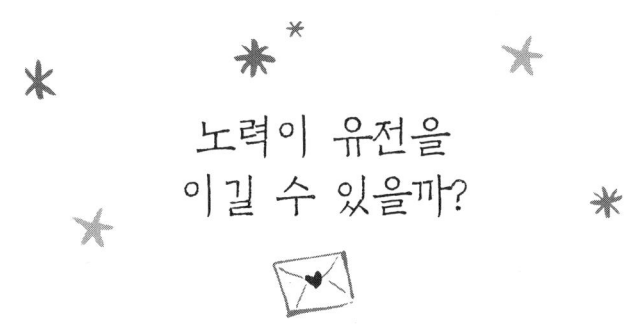

노력이 유전을 이길 수 있을까?

사랑하는 손자 지엘이에게

아빠 엄마 형은 서울로 놀러 가고 지엘이 혼자 외할아버지 외할머니와 집을 지키고 있었는데 잘 지냈니? 지온이가 좋아서 뛰어다니는 모습이 보기 좋았다. 내년에는 저 사진에 지엘이도 있을 수 있을까? 내년은 잘 모르겠고, 후년에는 있을 수 있겠다. 아빠 엄마 지온이가 같이 찍은 사진을 보면 표정이 참 좋다. 항상 웃고 있는 모습이다. 지엘이에게도 웃는 유전자가 있으니 웃는 모습이겠지?

〈싱어게인〉이라는 TV 프로그램이 있는데, 가수 중에서 이름이 덜 알려진 가수들이 나와서 경연을 벌이는 프로그램이다. 몇 년 전에 처음 했었는데 반응이 좋으니 계속한다. 지금 〈싱어게인 3〉이 진행 중이다. 수천 명의 지원자 중에서 예선을 통과한 사람이 1라운드를 진행했다. 심사위원은 그중 반을 떨어뜨리고, 2라운드에서 또 반을 떨어뜨리고, 3라운드에서 또 반을 떨어뜨렸다. 이제 16명만 남았는데 다음에 10명을 고르고, 마지막 6명을 남겨서 최종 경연을 펼친다. 어제 10명을 선택하는 경연이 펼쳐졌다. 온 힘을 다하여서 노래하는데 감동이 밀려왔다. 가사 한 줄에 온 정성을 다하여서 부르는데 소름이 돋는다. 노래 듣는 것도 감동인데 지나온 시절 이야기 듣는 것은 더 감동이었다. 무명 가수로 살아오면서 노래가 좋아서 힘든 시절을 지내고 있다. 자기가 좋아하는 일을 위하여서 생계의 어려움을 겪으면서도 최선을 다하여서 살아왔다. 한 분 한 분들이 성공하면 좋겠다.

그러나 모두가 1등을 할 수는 없다. 모두 열심이지만 타고난 능력이 있는 사람이 있다. 목소리는 내가 어떻게 바꿀 수 없는 부분인데, 타고난 목소리가 좋은 사람을 노력 가지고 이길 수가 없다. DNA 속에 감추어진 능력이 있다. 1, 2, 3라운드에서는 노력만 하여도 이길 수 있었는데, 마지막 순간에는 노력이 유전을 이길 수 없는 것 같다.

아윤이 재윤이에 비하여서 지온이가 예술적인 끼가 있어 보인다. 춤추고 노래하는 것을 좋아하고 심지어 잘한다. 객관적이지는 않고 주관적이다. 지엘이 울음소리를 들으면 지엘이가 더 잘할 것 같기도 하다. 손자들이 연예인이 된다고 하면 어떨까? 초등학생이 가장 되고 싶은 직업이 연예인이라고 하니 그럴지도 모르겠다. 〈싱어게인〉 같은 프로그램에 나와서 노래하는 모습을 상상해 본다. 그런 날이 올지도 모르겠다.

하나님이 주신 달란트가 있는데 그 달란트를 잘 발견하면 좋겠다. 발견된 달란트를 잘 발휘하면서 행복하게 평생을 살면 좋겠다. 고모와 아빠는 달란트를 발견하여서 달란트대로 살아가고 있나? 조금 아쉬움이 있다. 링컨이 말하였듯이, 하나님께서는 평범한 사람을 좋아하여서 가장 많이 만드셨다고 하는데, 평범하게 사는 것이 하나님 계획인지도 모르겠다. 인생이 어렵다.

2023년 12월 15일
지엘이를 사랑하는 할아버지가

꿈같은 크리스마스 파티를

사랑하는 손자 지엘이에게

2023년 크리스마스 파티를 두동 할아버지 집에서 하였다. 증조할머니, 할아버지, 할머니, 지엘이 외할아버지, 외할머니, 고모부는 회사 일이 바빠 오지 못하였고 고모와 아윤이와 재윤이, 지엘이 아빠, 엄마, 지온이와 지엘이 12명이 모였다. 지엘이가 처음으로 할아버지 집에 왔다. 지엘이 집에서는 자주 보았지만 멀리 할아버지 집에는 처음 보았다. 할머니가 정성스럽게 음식을 준비하였고, 선물도 준비하고, 예수님 생일 축하 케이크 자르며 멋진 파티 하였다. 내년에도 후년에도 계속하여서 파티하면 좋겠다.

아빠 엄마가 사진을 여러 장 찍었다. 같이 모여 단체 사진도 찍고, 음식 사진도 찍고, 크리스마스트리 앞에서도 찍고, 선물 포장을 풀면서 행복해하는 모습도 찍었다. 여러 날이 지나고 나서도 그 모습을 다시 볼 수 있겠다. 어린 시절 영화를 보면 미국 사람들이 크리스마스에 온 가족이 모여 파티하는 모습을 볼 수 있었다. 너무 부러웠었는데 할아버지 집에서 거의 비슷한 파티를 한다. 얼마나 감사한지!

내년에는 같이 성탄 찬양을 불러도 좋겠다. 피아노 반주에 맞추어서 식구들이 같이 찬양하는 것을 꿈꾸었는데, 이루어질 수 있을 것 같다. 아윤이, 재윤이, 지온이가 교회 성탄 예배에서 율동도 하고 찬양도 불렀는데, 식구들 앞에서 할 수 있겠다. 그림이 그려진다. 얼마나 좋을까!

아윤이가 크리스마스카드를 만들어서 선물 상자에 넣었다. 아윤이가 준비한 선물이다. 할아버지도 내년에는 식구들 각자에게 크리스마스 편지를 적어 줄까? 기도문을 적어 주면 좋지 않을까? 할머니가 준비한 선물에 할아버지 기도문을 넣어 주어야겠다. 또 무엇을 할까? 더 의미 있는 크리스마스 파티를 할 생각을 하면서 행복하다.

여기가 천국이다. 천국의 기쁨을 누리며 산다. 감사하다!!

사랑하는 하나님.
좋은 가족들을 주셔서 감사합니다. 딸과 아들이 시집 장가가서 행복한 가정을 꾸미며 살게 하여 주셔서 감사합니다. 손녀 손자가 건강하게 튼튼하게 잘 자라게 하여 주셔서 감사합니다. 우리 가정에 부어 주신 은혜가 차고 넘칩니다. 감사합니다.

울산 삼산교회에서 아윤이와 재윤이가 크리스마스 공연하였고, 태화교회에서 지온이가 공연하였습니다. 감사합니다. 우리 손주들이 교회 안에서 신앙생활 잘하며 자랄 수 있도록, 하나님 지켜 보호하여 주시옵소서! 올 한 해도 너무 감사한 해였는데, 내년에는, 후년에는 더 감사한 일이 차고 넘치게 하여 주시옵소서!

2023년 12월 26일
지엘이를 사랑하는 할아버지가

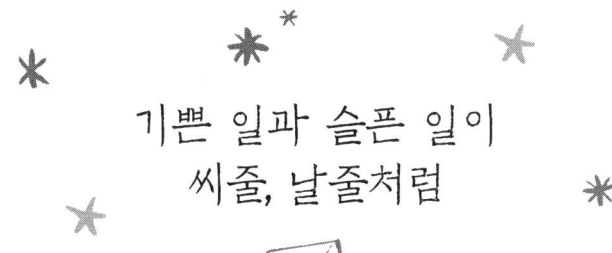

기쁜 일과 슬픈 일이
씨줄, 날줄처럼

사랑하는 손자 지엘이에게

지엘이가 태어난 대학 병원에서 정기 검진을 받는 날이었다. 조금 일찍 세상에 나와서 걱정이 많았다. 더 많이 기도하며 지냈고, 100일 가까이 지내는 동안 건강하게 잘 자라는 것을 눈으로 확인할 수 있었다. 그러나 의사 선생님이 보는 것과 다를 수 있지 않을까? 하며 염려되는 마음이 있었는데, 건강하게 잘 자라고 있다는 검진 결과 이야기를 들었다. 감사한 일이다. 아픈 아이들이 너무 많은데…….

할머니의 절친인 황금옥 원장은 암이 전이되어서 어려움을 겪고 있다. 온몸에 암이 퍼져서 수술도 할 수 없단다. 짧으면 3개월, 길면 6개월의 시한부 판정을 받은 상태다. 아직 젊은 나이인데, 하나님께서 생명을 연장해 주시면 좋겠다고 기도한다. 어제는 할머니와 같이 감림산기도원에 가서 기도하고 왔다. 서울 올라가서 만났는데 안색이 안 좋아지는 것 같아서 걱정된다.

1년 선배 김용석 집사가 심근 경색으로 심장 괴사가 일어나고, 뇌에 산소가 공급되지 않아 뇌 손상이 오고, 장기가 정상적으로 작동하지 못한다고 하여서 걱정이 많았다. 생명에 지장이 있거나, 회복되어도 정상적인 삶을 살지는 못할 것 같았는데, 기적적으로 살아나서 빠르게 회복이 되고 있다. 직접 보지는 못하였는데 사진을 보내 왔다.

3년 후배 노금기 집사가 소천하셨다. 암이 발병되어서 투병 중이었는데 이기지 못하고 소천하셨다. 수술 후에 항암 치료가 잘되었다고 좋아하였었는데 몇 달 지나지 않아 결국 소천하고 말았다. 젊은 아내와 두 딸이 빈소를 지키고 있는데 마음이 아팠다. 최근에 다녀온 가장 슬픈 조문이었다. 고인이 할아버지보다 어린 장례가 아직은 잘 없다. 마음이 불편하였다.

지난 3일간 일어난 일들이다. 지엘이가 건강하다는 소식이나 김 집사가 회복되고 있다는 소식은 기쁜 소식이다. 황 원장 아픈 이야기나 노 집사 소천 소식은 슬픈 소식이다. 기쁜 일과 슬픈 일이 씨줄, 날줄처럼 얽혀서 인생이라는 천이 만들어지고 있다. 생로병사, 태어나서 늙고 병들어 죽는 것이 인생이다. 아직은 남아 있는 날들이 많다고 생각하지만, 병들어 죽는 날이 언제 올지 모른다. 잘 준비하여야겠다는 결심을 한다. 나이 들어서 늙고 병드는 것은 당연하지만 어린 나이에 병드는 것은 아니다. 할아버지는 병들어도 되지만 지엘이는 안 된다. 건강하게 잘 자라거라!

한 해를 마무리하고 새해를 준비하는 시간이다. 더 높이, 더 길게 인생을 마무리할 생각을 해 본다.

2023년 12월 28일
지엘이를 사랑하는 할아버지가

혹시 하나님이 능력을 주시면

사랑하는 손자 지엘이에게

지엘이가 방긋방긋 웃는 모습을 동영상 찍어서 보내 준 엄마가 고맙다. 지엘이가 하루하루 어떻게 자라는지 눈으로 확인할 수 있다. 아윤이가 핸드폰을 개통하여 사용하기 시작하였다. 아침저녁 문자를 주고받으면서 이야기한다. 재윤이가 태권도 승급 시험 본 동영상을 보면서 재윤이 자라는 모습을 본다. 지온이가 김치 먹는 모습도 보고, 엄마 기도에 참견한다는 이야기도 듣는다. 손주들이 자라는 모습을 보면서 지내는 날들이 감사하다. 1년 동안 건강하게 잘 자라 주어서 감사하다!

동안교회 장로님들과 매일 성경을 4장씩 읽고 느낀 점을 적는 카톡방이 있다. 주일 빼고 읽으면 1년에 한 번 성경을 완독하게 된다. 오늘 요한계시록 18장부터 22장까지 읽어서 일독을 마쳤다. 마지막 장, 주님 다시 오시는 날을 묘사한 성경을 읽으면서 감동하였다. 1973년 중학교 1학년 때부터 교회를 다녔으니 50년을 넘게 다니고 있다. 더 읽을 때도 있었고 덜 읽을 때도 있었으니, 평균 잡아 1년에 한 번은 읽었다. 매번 읽을 때마다 감동한다. 올해 유난히 개인적으로 말씀하시는 듯한 구절들을 많이 발견한다.

위대한 믿음의 영웅들 이야기를 보면서 남의 이야기 같았다. 나는 감히 감당하지 못하는 일 같았다. 올 1년 성경을 읽으면서, 혹시 하나님이 능력을 주면 가능하지 않을까 싶은 생각을 많이 하였다. 내 열심이면 가능하지 않겠지만, '하나님의 열심'이 나를 만들어 간다면 가능할 수도 있겠다. 지금까지 믿음이 자라 온 과정을 생각하니 그리스도의 장성한 분량까지 자랄 수도 있겠다 싶다. 0에서 70까지 자랐으면 70에서 80도, 90도 가능하지 않을까? 그런 건방진(?) 생각을 한다. 믿음이 조금 더 자란 것 같다.

가까운 곳에서 믿음 좋은 사람을 만나는 것은 복이다. 할아버지가 지엘이에게 복이 되면 좋겠다. 사랑하는 손주들에게 복이 되면 좋겠다고 기도한다. 열심히 성경 읽고 묵상하며 믿음이 자라다 보면, 그날을 선물처럼 주시지 않을까? 기대한다. 올 한 해를 되돌아보니 조금 가능성이 보인다. 감사하게도 내가 믿음이 자라는 것을 느낄 수 있다. 매일 성경을 읽는 것이 큰 도움이 되었다. 지엘이도 매일 성경을 보며 자라면 좋겠다. 혼란스러운 상황에서 말씀이 기준이 되면 바른 삶을 살 수가 있다. 머리로 아는 것을 몸으로 반응하기까지는 평생이 걸리지만, 알지 못하면 살아 낼 수가 없다.

2023년 마지막 편지이고, 이제 2024년에 만나야겠다.
지엘이가 우리에게 온 기쁜 2023년이었는데, 2024년은 무슨 기쁜 일을 주실까? 기대하는 마음으로 2024년을 기다린다.

HAPPY NEW YEAR!!

2023년 12월 30일
지엘이를 사랑하는 할아버지가

새해 첫날의 결심

사랑하는 손자 지엘이에게

2024년 새해가 밝아 오고 있다. 지엘이가 태어나서 좋았던 2023년이었는데, 지엘이가 자라는 2024년도 좋은 한 해가 되지 않을까? 무슨 일들이 일어날까? 벅찬 기대로 2024년을 시작한다. 좋은 일들이 많이 있는 한 해가 되면 좋겠다.

감사가 차고 넘치는 2023년 1년이었는데, 올해 2024년도 감사가 차고 넘치는 한 해가 되면 좋겠다고 기도한다. 무엇보다도 믿음의 진보가 일어나 감사할 수 있으면 좋겠다고 기도한다. '하나님의 열심'을 맛보아 알았던 2023년이었는데, '하나님의 열심'을 더 깊이 알아 가는 2024년이 되기를 소원한다. 이해할 수 없었던 성경의 여러 사건을 '하나님의 열심'으로 바라보니 이해된다. 사람을 보는 것 아니라, 하나님을 바라보아야 한다. 아직은 머리로만 이해되는 부분이 많고 체험된 부분은 적은데, 더 많은 체험으로 신비한 말씀을 더 많이 이해할 수 있으면 좋겠다.

하나님이 하실 일이 있고 내가 할 일이 있다. 한 시간 글 쓰고, 두 시간 운동하고, 세 시간 책 읽기를 계속 잘하면 좋겠다. 그 일하는 가운데 하나님의 마음을 느끼는 경우가 많았다. 죽을 때까지 평생 해야 할 일이다. 지엘이에게 편지를 쓰면서 생각이 정리되는 경우가 많지만 부담되어서 쓰기 싫을 때가 가끔 있다. 최선을 다하여

빼먹지 말고 써야겠다고 결심한다. 이 마음을 주셔서 감사하다. 8월 이후에는 또 다른 마음을 주시지 않을까? 만 보를 걸으면 한 시간이 조금 넘고, 산을 오르면 두 시간이 되는데 걷기를 꾸준히 계속할 일이다. 골프 연습장으로 가는 일을 시작하면 좋은 운동시간이 될 것 같다. 추운 겨울이 지나면 등산하는 일에 조금 더 관심을 가져야겠다. 걸으면서 여러 생각을 하게 된다. 매달 배달되는 '새물결플러스' 출판사에서 나오는 책 중에 어려워서 아직 못 읽은 책이 있는데, 다시 도전해 봐야겠다. 일주일에 한 번 도서관에서 책을 빌려 읽는 일은 아주 잘하는 일이다. 여전히 나는 책 읽는 시간을 통해 배우는 것이 많다. 올해도 계속할 일이다.

새벽 기도회가 저녁 기도회로 바뀌면서 나가지 않았는데, 저녁 기도회에 나가서 기도하면 좋겠다. 같이 모여 기도하는 시간이 귀하다. 기도하지 않으면 좋은 마음을 잃어버리기 쉽다. 2024년에 도전할 일이다.

사랑하는 하나님.
새로운 한 해를 주셔서 감사합니다. 어느 날인가 새해를 맞이하지 못할 시간이 올 텐데, 그날이 올 때까지 최선을 다하여 열심히 살아가게 하여 주시옵소서! 2023년보다 더 멋지게 2024년 한 해를 살아가게 하여 주시옵소서! 깊은 감사를 드리며 한 해를 마무리할 수 있도록 하나님, 도와주시옵소서! 예수님 이름으로 기도합니다. 아멘

2024년 1월 1일
지엘이를 사랑하는 할아버지가

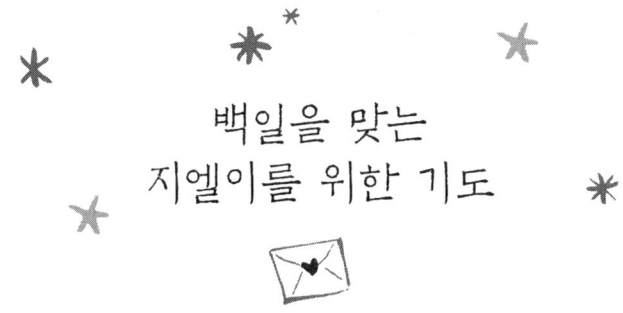

백일을 맞는 지엘이를 위한 기도

사랑하는 손자 지엘이에게

지엘이가 할아버지 집에서 백일잔치를 하기로 한 날이다. 저녁에 모여서 저녁밥도 같이 먹고, 백일 기념사진도 찍기로 하였다. 백일 잔치를 하면서 지엘이를 위하여 기도할 생각을 한다. 무슨 기도를 해야 할까? 무엇이라고 기도하면 좋을까? 기도문을 작성하여 본다. 저녁 식사 시간에 기도하면 좋을 것 같다.

사랑하는 하나님.
지엘이가 태어나서 건강하게 자라, 백일을 맞았습니다. 그동안 하나님께서 지엘이를 눈동자처럼 지켜 보호하여 주셨습니다. 감사합니다. 하나님!

백일 동안 지엘이를 키우기 위하여 밤낮으로 수고한 엄마 아빠를 칭찬하여 주시옵소서! 자기 한 몸 살아가기도 힘든 세상인데 지온이를 키우고, 지엘이를 키우면서 많은 수고를 하였습니다. 땅에 충만하라고 말씀하신 하나님의 말씀에 순종하여 두 아들을 낳아 키우는 나래와 재하에게 잘했다고 칭찬하여 주시옵소서!

사랑하는 하나님.

지엘이를 축복하며 기도합니다. 무엇보다도 믿음의 복을 누리는 지엘이가 되게 하여 주시옵소서! 아브라함의 하나님, 이삭의 하나님, 야곱의 하나님이라는 성경 구절처럼 대를 이어서 믿음이 이어지는 가문이 있습니다. 우리 집안도 믿음의 대가 이어지는 가문이 되면 좋겠습니다. 할아버지의 믿음이 아들에게 이어지고, 아들의 믿음이 손자에게 이어지는 믿음의 명문 가문이 되게 하여 주시옵소서! 우리 지엘이가 하나님 믿는 믿음 안에서 잘 자라, 하나님 나라를 위하여 귀하게 쓰임받는 하나님의 사람이 되게 하여 주시옵소서!

건강한 몸이 있어야 주신 사명을 잘 감당할 수 있습니다. 우리 지엘이에게 건강한 몸을 주시옵소서! 세상을 살아가기 위하여서는 물질도 필요하고 지혜도 필요합니다. 우리 지엘이에게 물질의 복도 주시고, 지혜의 복도 주시옵소서! 좋은 부모를 만난 것처럼, 좋은 친구도 만나고, 좋은 스승도 만나고 좋은 배우자를 만나는 복을 우리 지엘이에게 주시옵소서! 하나님께서 주신 것, 나를 위하여서만 쓰지 않고 하나님과 이웃을 위하여 쓸 줄 아는 믿음의 사람으로 키우겠사오니, 우리 지엘이에게 복에 복을 더하여 주시옵소서!

감사합니다. 예수님의 이름으로 기도합니다. 아멘.

**2024년 1월 6일
지엘이를 사랑하는 할아버지가**

동안교회 담임 목사님 부부 방문

사랑하는 손자 지엘이에게

지온이가 지엘이 곁에 누워 있는 사진을 보면서 웃었다. 지엘이는 우유만 먹어서 불쌍하다는 지온이 이야기가 좋다. 사이 좋은 형제다. 앞으로도 계속 지온이와 지엘이가 사이 좋게 잘 자라면 좋겠다. 형제 사이의 다툼은 창세기부터 나오는 이야기여서 가능하지 않을 것 같기는 하다.

동안교회 담임 목사님 부부가 오셨다. 2박 3일 경주 휴식차 오셨다가 들르셨다. 몇 시간 동안 한가하게 여러 이야기를 나누면서 지냈다. 우리 집을 좋아하신다. 할아버지와 할머니 사는 모습을 부러워하신다. 어린 시절부터 아빠가 자랐던 모습을 누구보다 잘 아신다. 손주들 가까이에 살면서 같이 지내는 것이 복이라고 여러 번 말씀하신다. 할머니가 정성스럽게 준비한 식사도 맛있게 하셨다. 온 가족을 축복하며 기도하는 식사 기도가 은혜로웠다. 4월 한 달 안식월로 경주에 오신다고 하시니 좋은 교제의 시간이 이어질 것 같다. 감사한 일이다.

사모님과 이야기를 나누면서 감동되는 부분이 여러 번 있었다. 일주일 내내 설교 준비에 집중한단다. 목사님과 얼굴 보며 이야기하고 있지만, 생각은 설교에 가 있다는 것을 알겠단다. 금요일 오후가 되었는데도 설교가 준비되지 않았으면 안색에 나타난단다. 그 피 말리는 작업을 평생 하셨다. 감사가 절로 나온다. 그 귀한 꿀을 먹고 믿음이 자랐다. 예전에는 밤새워 책을 읽고 기도하고 묵상하며 설교를 준비하였는데, 이제는 체력이 되지 않는다는 말씀을 가슴 아프게 들었다. 생명을 살리는 목회자의 삶이 귀하다. 참으로 귀하다!

할아버지도 목회하고 싶었다. 하나님께서 길을 열어 주시지 않았다고 핑계를 댄다. 아빠가 목회하면 어떨까 싶었던 적이 있었다. 아빠도 그 길이 아닌지, 다른 길을 가고 있다. 지온이나 지엘이가 목회하면 어떨까? 할아버지가 욕심을 갖는다. 그 어느 일보다 소중한 일이라는 생각이 많다. 이 타락한 시대에 참된 목자가 필요하다. 하나님께서 가장 좋은 길로 인도해 주시라는 믿음이 있다.

사랑하는 하나님.
이 땅의 목사님들을 축복하며 기도합니다. 목사님들의 생명을 바치는 헌신으로 교회가 유지되었습니다. 좋은 목회자들을 보내 주셔서 한국 교회가 발전하였습니다. 감사합니다. 그러나 하나님, 지금 한국 교회가 위기입니다. 좋은 목회자가 없음이 가장 큰 위기입니다. 좋은 목회자들이 계속해서 한국 교회에 나올 수 있도록 은혜를 베풀어 주시옵소서! 예수님의 이름으로 기도합니다. 아멘.

2024년 1월 17일
지엘이를 사랑하는 할아버지가

증조할머니 생일날

사랑하는 손자 지엘이에게

2월의 첫날이다. 새로운 한 달도 건강하게 잘 자라기를 기도한다. 많이 먹어서 비만이 될까 걱정하는 부모도 있고, 먹지 않아서 자라지 않을까 걱정하는 부모도 있다. 활발하면 활발하여서 걱정이고, 얌전하면 얌전하여서 걱정이다. 하나님께서 지엘이에게 주신 그 모습대로 잘 자라기를 기도한다. 어떤 달란트를 주셔서 어떻게 자라기를 원하시는지 모르는 것이 문제다.

증조할머니 생신이어서 고모할머니들과 같이 식사하였다. 보통은 불편해하는 사람들이 있어서 식사 자리에서 기도하지 않는데, 오늘은 하였다. 짧게 기도문을 작성하였다. 증조할머니에 대한 애틋한 마음이 두동에 이사 와서 많이 생겼다. 할머니 권사님이 살아오신 삶과 비슷한 점이 많다. 마음을 담아 기도하였다.

"사랑하는 하나님.
엄마의 생일날, 아들딸이 같이 모여 식사하며 기도를 드립니다.

하나님, 우리 삼 남매에게 좋은 엄마를 주셔서 감사합니다.
경제적으로 여유 없어서 고생스러운 날이었는데,
엄마의 수고와 애씀으로 우리 삼 남매가 큰 어려움 없이 바르게 잘 자랐습니다.

엄마의 젊은 시절은 고생스러웠지만, 노년에 행복한 날을 주서서 감사합니다.

젊은 시절 눈물을 흘리며 씨를 뿌렸더니 노년에 기쁨으로 추수하는 날을 주셨습니다. 아들딸들이 행복한 가정을 이루며 사는 것도 좋은데, 손자 손녀가 행복한 가정을 이루며 사는 것까지도 보게 하여 주서서 감사합니다.

나이 들어 점점 아픈 곳이 많아지는데, 큰 아픔 없이 지낼 수 있는 은혜를 주시옵소서! 먹는 것이 잘 소화되게 하시고, 저녁에 잘 때 평안한 잠을 허락하여 주시옵소서! 아들 며느리, 딸 사위, 손자와 손자며느리 손녀와 손자사위, 증손자 증손녀들의 사랑받으며 여생 행복하게 살게 하여 주시옵소서!

맛있는 식사, 맛있게 먹고, 건강하게 하여 주시옵소서!
감사합니다. 예수님의 이름으로 기도합니다. 아멘."

2024년 2월 1일
지엘이를 사랑하는 할아버지가

세월이 흘러가고 있다

사랑하는 손자 지엘이에게

넘어갈 듯 넘어갈 듯 하지만, 아직은 넘어가지 못한다. 카운트다운이 시작되었으니 오늘이냐, 내일이냐만 남았다. 누워만 지냈던 지엘이가 이제 뒤집어서 엎어지려고 한다. 다음에는 기고, 걷고, 말하겠다. 초등학생이 되고, 중고등학생이 되고, 대학생이 되겠다. 10년 뒤, 20년 뒤 모습을 상상한다.

고대부중에서 가르칠 때, 부모 따라서 동안교회를 다니는 제자가 있었다. 이름이 무엇이더라? 성이 희귀하였던 것만 기억난다. 아빠 엄마가 신촌 마을 출신이어서 알고 지내는 사이였는데, 정릉에 집을 얻었고 아이들이 자라서 고대부중에 오게 되었다. 신혼부부 시절에 만났는데 학부모로 만나게 되어서 놀랐던 기억이 있다. 공부 잘하는 똑똑한 학생으로 기억한다.

5부 예배에 기도하러 갔다가 만났다. 고대를 다니고 3학년이라고 이야기했다. 시간이 순식간에 지나갔다. 10년 전 제자다. 중학생 때 모습이 남아 있지만, 성인이 되었다. 아빠 엄마는 20년 전 만났고, 그 아들은 10년 전에 만났다. 할아버지에게 10년 전은 어제 같고, 20년 전도 어제 같다. 지엘이의 10년 뒤, 20년 뒤 모습을 상상하는 것이 쉽다.

첫째 주에 5부 예배 기도고, 셋째 주에 2부 예배 기도 순서인데, 첫째 주에 모아서 했다. 2부 예배 때 기도드리고, 기다렸다가 5부 예배 때 기도하고 왔다. 할 일이 없으니 조금 더 오랜 시간 기도문을 작성하였다. 할아버지 기도가 상식(?)적이지 않아서 좋다고 이야기하시는 분이 있다. 형식에 치우치지 않고 솔직하게 기도하는 것을 하나님이 좋아하신다고 생각한다. 복도에서 만난 엄마 나이 또래의 젊은 엄마가 장로님 기도가 너무 좋았다고 인사한다. 감사한 일이다. 여러 분이 은혜받았다고 이야기하여서 당황하였다. 우리가 형식에 치우친 신앙생활을 하는 것 같다. 모르면 모른다고 이야기하여야 하는데 아는 척한다. 정직하지 못하다. 거룩한 단어들로 나열된 기도는 좋은 기도가 아니다.

사랑하는 하나님.
하나님께서 이 땅을 창조하시고 다스리신다는 사실을 잊고 살다가, 겨우 주일날 예배 자리에 오면 생각이 납니다. 그러나 예배의 자리에 있으면서도 마음의 중심은 하나님께 있지 않고 세상에 있습니다. 축복의 말씀은 '아멘' 하며 듣지만, 조금만 실천하기 어려운 말씀을 하시면 나랑 상관없는 말씀으로 생각합니다. 하나님 말씀이니 맞는 말씀이겠지만, 내가 실천하기에는 불가능한 말씀이라고 생각하고 들으려고도 하지 않습니다.

레위기를 읽으면 먹는 것도 세상 사람들과 다르게 먹으며 거룩함을 유지하라고 하시는데, 하나님 생각 없이, 세상 사람처럼 먹고 마시며 살아갑니다. 부활하신 예수님께서 다시 오신다고 약속하셨는데, 그날에 대한 기대 없이, 세상 사람처럼 마치 오늘이 전부인 것처럼 살아갑니다. 하나님을 믿는 사람이라고 이야기하기에 부끄러운 우리 모습입니다.

죄송합니다, 하나님! 우리의 믿음 없음을 용서하여 주시옵소서! 우리를 사랑하셔서 독생자 예수까지 주신 하나님의 사랑을 잊고 살아가는, 우리의 죄악을 용서하여 주시옵소서! 주일이라고 예배의 자리에 나와 있지만, 솔직하게 우리 모습을 돌아보면, 우리가 하나님 없이 살아갑니다.

사랑하는 하나님.
그래도 다행스럽게 하나님 말씀에 순종하며 사는 것이 옳겠다는 작은 믿음을 남겨 주셔서 감사합니다. 회개하고 돌이켜 살아야 하겠다는 마음을 남겨 주셔서 감사합니다. 여전히 자신 없지만, 하나님, 온전히 하나님을 믿고 살아가는 우리가 되고 싶습니다. 누구나 가고 싶어 하는 쉽고 편안한 길과 어렵고 힘든 길이지만 하나님께서 가라고 명령하시는 생명의 길이 있을 때, 세상 사람들과 다르게 용기 있게 생명의 길을 걸어가는 우리가 되게 하여 주시옵소서! 하나님, 우리 힘으로 할 수 없습니다. 하나님, 우리를 도와주시옵소서! 우리는 할 수 없으나 하나님은 하실 수 있지 않으십니까? 하나님, 우리를 성령 충만케 하여 주시옵소서! 하나님 말씀에 순종하며, 어두운 이 땅을 밝히는 빛으로 살아가는 우리가 되게 하여 주시옵소서! 특별히 이번 주 설 명절에 가족들에게 그리스도의 빛을 전하는 우리가 되게 하여 주시옵소서!

사랑하는 하나님.
아픈 마음으로 나라를 위하여 기도합니다. 나라가 두 동강 나는 것 같은 안타까운 마음이 있습니다. 분열의 악한 영이 이 나라를 지배하고 있습니다. 기성세대와 젊은 세대가 하나가 되고, 가진 자와 가지지 못한 자가 하나가 되고, 남자와 여자가 하나가 되고, 진보와 보수가 하나가 되고, 더 나아가 남과 북이 하나 되는 나라가 되게 하여 주시옵소서! 하나님께서 강권 적으로 역사하여 주시옵소서! 예수님 이름으로 기도합니다. 아멘.

2024년 2월 5일
지엘이를 사랑하는 할아버지가

행복은 친밀한 좋은 관계

사랑하는 손자 지엘이에게

'행복'에 관한 연구를 보면, '친밀한 좋은 관계'가 답이라고 한다. 좋은 관계없이 행복할 수 없다고 한다. 건강도 중요하고, 물질도 중요하지만, 인간관계가 어긋나면 행복할 수 없다는 말이다. 배우자와의 관계, 가족과의 관계, 이웃과의 관계 등을 예로 들어 설명한다. 요즘 실감하고 있다.

할머니가 미국에 간 지 4주가 지나가고 있다. 한 주, 한 주 지나갈수록 익숙해지는 것이 아니라 더 그립다. 할머니와 많은 것들을 공유하며 사는데, 할머니가 없으니 답답하고 불편하고 힘들다. 하고 싶은 말이 있는데 내 말을 들어 줄 사람이 없으니 답답하다. 같이 가야 하는 곳도 있는데, 가지 못하니 불편하다. 하루하루 살아가는 것이 힘들다. 이제 이번 주만 지나면 온다. 얼마나 좋은지! 할머니도 비슷할까? 비슷하지 않을까? 하나님께서 좋은 배우자를 주셨다. 좋은 배우자를 만나 평생을 산다. 행복하다. 감사한 일이다. 언젠가 죽음이 둘 사이를 갈라놓을 날이 오는데 어떻게 하여야 하나? 쓸데없는 걱정을 한다. 한 번은 심각하게 고민하여야 할 주제이다. 지엘이도 할아버지처럼. 아빠처럼 좋은 아내를 만나 행복하게 살면 좋겠다.

원 집사님이 김칫독을 새로 헐었다고 김치 한 통을 가져오셨다. 고구마도 굽고, 호박도 굽고, 한과도 포장하여서 가져오셨다. 이런 사랑을 받아도 되나 싶다. 교회 이야기도 하고, 신앙 이야기도 하고, 계절 지나가는 이야기도 하면서 한참을 지내다 가셨다. 두동성산교회를 생각하면 감사가 넘친다. 친밀한 좋은 관계가 사람을 행복하게 만든다는 것을 온몸으로 경험한다. 서로 사랑하며 사는 것이 행복이다. 구미리로 이사 와서 행복한데, 좋은 사람들을 만난 것이 가장 중요한 이유이다. 하나님께서 두동성산교회 교인들을 만나게 해 주셨다.

3월 9일, 교회 구역 식구들과 할아버지 집에서 고기를 구워 먹으며 지내고 싶다고 엄마가 연락하였다. 감사한 일이다. 교회 식구들과 좋은 관계를 유지하며 살면 좋겠다. 같은 신앙을 가진 사람들과의 대화가 삶을 풍요롭게 만든다. 지엘이가 교회에서 좋은 친구도 만나고, 좋은 선후배도 만나고, 좋은 스승도 만나면 좋겠다. 지엘이가 행복하게 살아가는 방법이다. 친밀한 좋은 관계를 유지하며 살아 행복한 지엘이 삶이 되기를 기도한다.

2024년 2월 21일
지엘이를 사랑하는 할아버지가

전 세계가 하나

사랑하는 손자 지엘이에게

몇 시 비행기로 일본 가니? 김해 공항까지도 먼데 아침부터 준비하고 있겠다. 할머니와 아윤이 누나는 미국에서 한국 올 준비를 하고 있다. 오늘은 미국에 있다가 내일은 한국에 있다. 지엘이는 오늘은 한국에 있고, 내일은 일본에 있다. 전 세계가 하나다. 식구들이 여기저기 다른 나라를 다닌다. 감사하다.

할아버지는 서른 살에 처음 해외여행을 하였는데 지엘이는 한 살도 되기 전에 해외여행을 한다. 우리나라가 잘살게 되었다. 우리 집도 경제적으로 여유가 생겼다. 예전에는 꿈꾸지 못하였던 일을 누리면서 산다. 감사한 일이다.

할아버지가 태어났던 1960년도에는 세계에서 가장 가난한 나라였는데, 65세가 된 지금은 경제 대국이 되었다. 국민소득 100불 시대였는데 3만 불 시대를 살고 있다. 놀라운 발전의 경험을 하며 산다. 어제보다 오늘이, 오늘보다 내일이 더 잘사는 나라이고 개인이었다. 하면 된다는 생각이 현실이 되는 세상이었다.

내일도 그럴 수 있을까? 지금처럼 경제적인 발전을 이룰 수 있을까? 아닐 것이라고 이야기하는 사람들이 많다. 일본이 아주 잘 살다가 침체를 맞이한 것처럼, 한국도 그렇게 될 것 같다고 이야기하는 사람이 많다. 100년을 가지 못하고 이제는 내리막으로 간다. 지엘이 아빠 엄마가 살아가는 시대가 부모 시대보다 못사는 첫 번째 시대가 될 것이라 이야기한다. 지엘이가 살아가는 시대는 어떨까? 비슷하지 않을까? 걱정이다.

한국 교회도 비슷하다. 할아버지가 어린 시절에는 교회 다니는 사람들이 아주 적었는데, 경제 발전이 일어나는 것처럼 교회도 폭발적인 부흥의 시대가 열렸다. 거의 모든 한국 교회가 어제보다 오늘 부흥되었다. 개척교회에서 수천 명이 모이는 교회로 성장한 교회들이 많았다. 수백 명이 모이던 동안교회도 만여 명이 모이는 교회가 되었다. 앞으로도 그럴까? 아닐 것 같다. 벌써 쇠퇴의 기운이 보인다. 저 끝에서부터 무너지는 소리가 들린다.

지엘이에게 더 좋은 세상을 물려주어야 하는데, 아닌 것 같다. 할아버지가 누렸던 영적, 경제적 풍요를 물려주지 못하는 아쉬움이 있다. 시대 흐름이 반대로 흐르고 있다. 어떻게 하나!

2024년 2월 28일
지엘이를 사랑하는 할아버지가

세 번째 기도의 응답

사랑하는 손자 지엘이에게

아빠와 지온이 형이랑 놀면서 소리 지르는 지엘이 모습을 엄마가 동영상에 담아 보내 주었다. 이제는 제법 시끄럽게(?) 소리를 낸다. 무엇인가 자기 의견이 있어 보인다. 조금만 지나면 알아듣는 말을 하겠지? 그날을 기다린다. 기고, 걷고, 말하고 쑥쑥 지엘이가 자라기를 기도한다.

두동으로 이사 온 지 1년 되는 날이다. 살면서 여러 번 이사하였지만 이렇게 멀리 떠나온 것은 처음이었다. 작년 이맘때 평생 살았던 서울에서 먼 울산 두동으로 이사 오면서 걱정이 있었는데, 기우였다. 하나님께서 가장 좋은 길로 인도하셨다. 이렇게 좋을 수가 없다!

일 년을 돌아보니 감사하는 마음이 제일 먼저 든다. 좋은 교회와 교인들을 만나 사랑받으며 지내는 일이 가장 감사한 일이다. 평생을 동안교회 한 교회만 섬겼는데, 노년에 새로운 교회를 만났다. 무엇이든지 하나라도 더 주고 싶어 하시는 분들이다. 할아버지와 할머니가 작은 역할이라도 감당하여 연약한 시골 교회가 잘 세워지면 좋겠다고 기도한다. 인간적으로는 내일의 희망이 보이지 않지만, 좋은 교회가 되기를 기도한다.

눈에 보이지 않는 하나님의 일하심을 본다. 울산 그 넓은 지역에서 어떻게 두동면 구미리 이 산골 집터로 오게 되었을까? 이 땅을 처음 보는 순간 왜 그리 마음에 들었을까? 원로 목사님 사모님을 만나고, 우 권사님을 만나고, 최 권사님을 만나 이야기 들은 일이 우연일까? 우연이라고 하기에는 너무 신비롭다.

할아버지 평생에 두 번의 기도 응답이 있었다고 간증한다. 할머니를 만나 결혼한 일과 고대부중 교사를 하였던 일이다. 세 번째 응답하신 일이 생겼다. 인생 마지막 두동성산교회를 섬기며 지내게 하신 일이 세 번째 기도 응답이다. 할아버지가 평생 꿈꾸어 왔던 일은 GOOD FATHER, GOOD TEACHER, GOOD ELDER가 되어서 하나님을 기쁘시게 하는 사람이 되는 일이다. 할머니를 만나 GOOD FATHER가 될 수 있었고, 고대부중 교사가 되어 GOOD TEACHER가 될 수 있었는데, 마지막 GOOD ELDER가 되는 일은 동안교회가 아니라 두동성산교회를 만나 이루어질 것 같다. 감사한 일이다!!

2024년 3월 5일
지엘이를 사랑하는 할아버지가

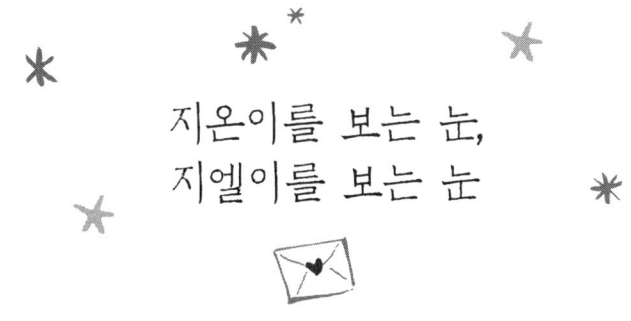

지온이를 보는 눈, 지엘이를 보는 눈

사랑하는 손자 지엘이에게

어제 오후 지엘이를 만나고 와서 좋았다. 이제는 자라서, 엄마가 자기를 보고 있지 않으면 자기를 쳐다보라고 운단다. 자기 생각이 생기는 것이 신기하다. 육체가 자라는 것처럼 정신이 자라고 생각이 자란다. 생명의 신비다. 지엘이가 자라는 모습을 보면 신비롭다. 여전히 잘 먹고, 잘 자고, 잘 노는 지엘이 모습을 보아서 좋았다. 점점 무거워지는 지엘이를 돌보는 엄마의 수고가 크다.

미운 4살이라고, 지온이가 미운 짓을 하는 것도 예쁘다. 지엘이가 자고 있으니 큰 소리 내지 말라는데, 일부러 큰 소리를 낸다. 하지 말라는 일을 한 번 더 해 본다. 발달 심리학책에서 보았던, 삐아제가 이야기하는 발달단계를 차곡차곡 밟아 간다. 그다음 단계가 기대된다. 지온이가 가는 길을 지엘이가 다시 간다.

정확하게 지온이와 지엘이가 24개월 차이가 난다. 지온이가 가는 길을 지엘이가 2년 뒤에 뒤따라간다. 어린이집 가는 것도, 유치원 가는 것도, 초등학교, 중고등학교도 그러하겠다. 항상 같지는 않겠지? 누구 한 명은 공부를 잘하고, 한 명은 잘하지 못할까? 둘 다 잘할까? 지온이는 이것을 잘하고 지엘이는 저것을 잘할까? 같이 자라지만 다르겠지? 얼마나 재미있을까? 그 모습을 상상하며 즐거워한다.

각자에게 다른 달란트를 하나님께서 주시는데, 아빠 엄마가 잘 발견하고 잘 키워 주면 좋겠다. 지온이가 잘하는 것을 지엘이는 못할 수도 있다. 그러나 지엘이가 지온이보다 잘하는 것이 반드시 있을 것이다. 먼저 하는 지온이가 잘하는 것처럼 보이지 않을까? 무엇을 처음 하였을 때, 탄복하며 바라보는 피드백이 덜할 것 같다. 지엘이가 속상하지 않을까? 할아버지는 최선을 다하여 지엘이가 하는 일을 탄복하며 바라보리라 결심한다. 지온이가 퍼즐을 잘 맞추어서 탄복하며 바라보는데, 지엘이가 천천히 맞추어도 탄복하며 바라보아야겠다. 지온이한테 주었던 사랑만큼 많은 사랑을 주어야겠다고 의지적으로 결심한다. 지온이와 지엘이와 같이 있으면서 할아버지가 생각이 많았다.

사랑하는 하나님.
지온이가 너무 똑똑합니다. 조리 있게 말하는 모습을 보면서 감탄합니다. 건강한 몸과 건강한 정신으로 잘 자라게 하여 주셔서 감사합니다. 지엘이도 튼튼하게 잘 자라게 하여 주셔서 감사합니다. 아윤이와 재윤이가 잘 자라고 있고, 지온이와 지엘이도 잘 자라고 있습니다. 감사합니다. 우리 손주들이 믿음 안에서 잘 자라, 하나님 나라에 기둥처럼 쓰이는 일꾼이 되게 하여 주시옵소서! 예수님 이름으로 기도합니다. 아멘.

2024년 3월 8일
지엘이를 사랑하는 할아버지가

God's Home Builders, 줄여서 곱(GOHB)

사랑하는 손자 지엘이에게

토요일, 지엘이가 할아버지 집에 왔었다. 아빠 엄마 교회 구역 식구들이 와서 같이 구역예배를 드리고, 식사하고, 교제했다. 구역 식구 중에 지엘이가 가장 어리다. 어린 지엘이가 많은 사랑을 받으며 지낸다. 감사한 일이다. 초등학교 다니는 누나들이 지온이를 많이 예뻐한다. 구역 식구의 사랑을 받으며 지내는 모습을 보니 행복하다.

젊은 부부들이 믿음 안에서 살려고 애쓰는 모습을 보면서 감사하였다. 자녀 양육, 직장 생활, 경제 문제 등 삶의 현장에서 하나님의 방법으로 살기 위하여 고군분투하는 모습을 본다. 삶을 나누는데 형식적인 이야기가 아니라 실제적인 이야기를 나눈다. 하나님께서 복을 주셔서 간절히 드리는 기도에 선한 것으로 응답하여 주시기를 기도한다. 좋은 믿음의 사람들과 교제하며 지내는 것, 감사의 제목이다.

God's Home Builders, 줄여서 '곱(GOHB)'이라는 모임이 있다. 동안교회에서 가정 사역 학교가 열렸는데 그때 같은 조였던 사람들이 이후에도 모였다. 할아버지 부부가 아빠 엄마 나이 때, 아빠가 지온이 나이 때였으니, 거의 30년 되었다. 하나님의 가정을 만드는 사람들이 되고 싶었다. 일곱 가정이 모여서 일곱의 곱이고, GOHB의 곱이다. 매월 모이지는 않지만 소중한 사람들과 계속 교제하며 지낸다. 우간다 선교사 하필수 부부, 캄보디아 선교사 남훈수 부부, 들꽃 같은 교회 최대원 목사님 부부, 이해원 집사 부부와 김용태 집사 부부도 같은 멤버다. 이종건 집사 부부도 있었다. 여름휴가도 같이 다니고, 자주 모였던 시절이 있었다. 그때 어린아이들이 이제는 다 자라서 가정을 꾸미며 산다. 곱 식구들과 교제하며 지냈던 것이 믿음 생활하는 데 큰 도움이 되었다. 중고등학교 시절 만났던 친구들은 아니었지만, 신앙 안에서 만나 평생 교제하며 지낸다. 동안교회가 할아버지에게 준 선물 같은 사람들이다.

아빠 엄마의 구역 식구로 만난 좋은 사람들이, 할아버지처럼 평생 좋은 믿음의 교제를 나누기를 소원한다. 30년쯤 뒤에 지온이와 지엘이도 같은 만남을 가지지 않을까? 그렇게 아름다운 신앙 유산이 이어지기를 기도한다. 하나님께서 좋아하시는 모임인데, 어려움을 딛고 잘 모여서 서로의 믿음이 자라기를 기도한다. 다음 세대가 믿음 안에서 잘 자라나기를 간절히 기도한다. 믿음의 후배들에게 하고 싶은 말이 많았는데, 기도로 대신하였다. 많이 감사하였다.

"지엘이 아빠 엄마가 모이는 구역 모임을 축복하여 주시옵소서! 좋은 신앙의 공동체로 모아 주셨는데 구성원들의 믿음이 자라는 모임이 되게 하여 주시옵소서! 좋은 부모들이 되어서 자녀들을 믿음으로 잘 양육하게 하여 주시옵소서!" 마음 모아 기도한다.

2024년 3월 11일
지엘이를 사랑하는 할아버지가

양산 부산대 병원

사랑하는 손자 지엘이에게

주말에 여러 일이 있었다. 지엘이가 병원에 입원하였다. 계속 열이 떨어지지 않아서 동네 소아과에 갔더니, 피검사 결과 염증 수치가 높다고 큰 병원에 가 보라는 의사 선생님 말씀을 듣고 많이 놀랐다. 큰 병인가? 많이 아픈 것인가? 양산 부산대 병원에서 검사받은 후, 요로감염이라는 것을 확인하고 입원하였다. 열은 나고, 염증 수치는 높고, 큰 병원에 가라고 하여서 큰 병이 아닐까 염려하였는데 다행이다. 요로감염이라는 병은 영아기 때 자주 걸리는 병이란다.

열이 나는 것 때문에, 어려움을 겪는 아이들이 많다. 혹시 지엘이가 큰 병이면 어떻게 하나? 걱정하였다. 여러 사람이 지엘이를 위하여 기도하였고, 할아버지도 간절히 기도하였다. 두려운 마음을 기도로 올려 드렸다. 검사 결과가 나오기까지 많이 걱정하였는데, 아는 병이고 금방 치료가 되는 병이라니 얼마나 다행인지 모르겠다. 앞으로도 이런 일이 있을 텐데 적응하기가 쉽지 않다. 일이 일어나기 전에 기도하겠다고 결심한다.

윗마을 문화촌에 사시는 장로님 부부가 오셔서 정원에 있는 나무 전지를 하여 주셨다. 예쁘게 이발(?)을 한 나무가 보기 좋다. 식사하며 이야기를 나누었다. 장로님 교회의 신생아 이야기를 들려주시는데 마음이 아팠다. 쌍둥이를 임신한 산모가 건강하지 않은지, 일찍

양수가 터져서 약물로 임신 상태를 유지하다가 예정일보다 먼저 출산하게 되었는데, 한 아이는 몇 주 병원에 있다가 먼저 하늘나라로 갔고 한 아이는 무사히 태어나서 지난주에 퇴원하였다고 이야기하신다. 온 교회가 합심하여 기도하였는데, 교인들이 속상해하였단다. 아이들이 건강하게 자라는 것은 당연한 일이 아니고 많이 감사한 일이다. 잊고 지내지만, 힘들게 자라는 아이들이 많다. 지엘이를 지켜 주셔서 감사하다고 진심으로 기도하였다.

  사랑하는 하나님.
  저보다 지엘이를 더 사랑하시는 하나님께서, 지엘이를 눈동자처럼 지켜 주시는 것을 믿음이 없어서 보지를 못하고 걱정하고 염려합니다. 믿음 없음을 용서하여 주시옵소서! 세상에는 믿음을 의심하게 하는 일들이 많습니다. 하나님이 계시지 않은 것 같은 상황들을 만나게 됩니다. 가장 좋은 것 주시는 하나님을 믿으며 오늘을 살아가게 하여 주시옵소서! 세상을 이기는 믿음을 우리에게 주시옵소서!

  지엘이가 잘 치료받고 건강하게 퇴원하게 하여 주시옵소서! 아빠 엄마의 믿음을 지켜 주시옵소서! 어려운 일 만날 때 더욱 하나님을 의지하는 믿음을 허락하여 주시옵소서!
  예수님의 이름으로 기도합니다. 아멘.

2024년 3월 18일
지엘이를 사랑하는 할아버지가

한 걸음 앞서 걸어가시는
믿음의 선배

사랑하는 손자 지엘이에게

2박 3일 서울을 다녀왔다. 할아버지는 당회가 있었고, 할머니는 유아교육 협회 회의가 있었고, 같이 증조할머니 요양원도 다녀왔다. 60년 넘게 살았던 서울이어서 가면 익숙하다. 이문동이 대학가여서 젊은 사람들이 많다. 두동에서 할아버지 할머니들만 보다가 젊은 사람들을 보니 좋다. 환경으로는 복잡하고 답답한 서울보다 두동이 좋은데, 젊은이가 있으니 서울도 좋다. 한 달에 한 번 일이 있어 서울 가는 것도 좋다.

퇴원한 이후 지엘이는 잘 지내고 있니? 열도 나지 않고, 아프지도 않니? 찡찡대는 모습도 있을 텐데, 엄마가 주로 웃는 모습을 사진 찍어 보내서 웃는 지엘이 모습만 본다. 웃는 지엘이 모습이 예쁘다. 지온이와 사이좋게 지내는 모습도 좋고, 새 장난감 받고 좋아하는 모습도 좋다. 건강하게 잘 자라기를 기도한다.

2박 3일 몽골 선교사님이 머물다 가셨는데, 남기고 가신 손 편지가 참 좋았다.
"어떤 말로 표현해야 할지 난감할 정도로 귀하고 아름다운 만남과 시간을 허락받은 것 같아요. 두 분에게서 흘러나오는 향기와 삶의 걸음들을 들으며 따뜻함과 포근함을 느꼈습니다. 이 귀한 공간과 섬김을 기억하며 저도 잘 흘려보내는 삶을 살고 싶다고 기도하게 되네요. 한 걸음 앞서 걸어가시는 믿음의 선배 두 분을 보면서 참 든든하고 든든하였습니다. 이 만남을 통해 하나님의 사랑과 애정을 듬뿍 느끼고 갑니다. 깊이 감사드립니다. 몽골을 섬긴 선교사 베카와 소영 자매 드림."

여러 선교사님이 오셨고, 여러 손님이 오셔서 비슷한 이야기를 하였지만, 편지를 주고 가신 분은 처음이다. 좋은 믿음의 선배가 되고 싶다고 기도하는데, 기도 응답처럼 들린다. 앞으로 10년은 손님을 맞이할 수 있을까? 경제적인 여유도 있고 건강에 어려움도 없어서 여러 선교사님을 잘 대접해 드릴 수 있으면 좋겠다고 기도한다. 인생이란 혼자만 잘 살 수는 없다. 다른 사람과 더불어 함께 살아가는 세상이다. 좋은 인간관계가 행복의 기초다. 특별히 기독교의 가르침은 더욱 그러하다. 서로 사랑하라는 것은 예수님의 가장 큰 가르침이시다. 작은 사랑을 주고 큰 사랑을 받는다. 행복하다.

지엘이가 살아가는 동안에 좋은 사람 많이 만나는 복을 받기를 기도한다. 좋은 선배와 후배와 친구도 만나고, 좋은 목사님과 선생님도 만나고, 좋은 이웃들도 만나고, 좋은 배우자도 만나기를 기도한다. 좋은 사람이 되어서 좋은 사람 많이 만나 행복한 삶을 사는 지엘이가 되기를 기도한다. 나는 게처럼 옆으로 걷지만 너는 바르게 걸으라고 이야기하지 않고, 나처럼 바르게 걸으라고 이야기할 수 있어서 참 좋다. 감사하다!

2024년 3월 28일
지엘이를 사랑하는 할아버지가

이어달리기하는 것처럼

사랑하는 손자 지엘이에게

점퍼루를 더 타고 싶어서 우는 지엘이 사진도 보고, 신나게 타면서 즐거워하는 지엘이 사진도 본다. 방향을 바꾸어서 이리도 가고 저리도 간다. 발에 힘이 있고 요령이 생겨서 더 높이 뛴다. 동영상 속 표정이 너무 즐겁다. 보기만 하여도 좋다. '아프지 말고 건강하게 잘 자라라!' '밝게 웃으면서 평생을 살아라!' 기도한다.

온 천지가 벚꽃으로 장관을 이루고 있다. 할아버지 집 앞 구미 월평로와 문화촌 앞길 박제상로에도 벚꽃이 피기 시작했다. 꽃망울을 터트리기 시작하는데 황홀한 장면이다. 작년에 보았던 그 아름다운 벚꽃이 올해도 다시 핀다. 바람에 날려서 꽃비가 내리던 풍경을 잊을 수가 없는데 다시 보게 된다. 작년 일 년간 보았던 것 중에 가장 아름다운 한 장면이었다. 한 해가 지나갔다. 시간이 지나간다.

작년에 피었던 꽃과 올해 피는 꽃이 다른 꽃이겠지만, 눈에 보이기는 똑같아 보인다. 봄이 되니 개구리가 울기 시작한다. 작년 처음 이사 와 개구리 소리에 신기해하였던 기억이 난다. 서재에 앉아 있는데 개구리 소리가 하도 커서 시끄럽다고 느낄 정도. 작년 그 개구리가 아니겠지만 귀에 들리는 소리는 똑같다. 푸르러지는 산하의 모습이 작년 그 모습이다. 논에 심는 모도, 밭에 심는 작물도 작년과 같다. 새봄이 되니 반복되는 자연의 모습을 보게 된다.

지엘이는 다르다. 작년에는 엄마 뱃속에 있었는데, 올해는 점퍼루를 신나게 탈 만큼 자랐다. 내년에 다시 꽃이 필 때, 같은 꽃을 보면서 탄복하겠지만, 지엘이는 올해 모습과 전혀 다른 모습으로 자라 있겠다. 할아버지는 작년과 올해가 다른가? 같은 모습인가? 내년에는 무엇이 달라질까? 자연과 사람은 다른가?

5월에 교회학교에서 성경 암송 대회가 열려서 아윤이 누나가 준비 중이다. 에베소서 4장을 암송하여야 한다. 할아버지와 저녁에 영상 통화 하면서 외우고 있다. 똑똑한 아윤이가 잘 외운다. 30여 년 전에 아빠도 성경 암송으로 상을 받았었는데, 이제는 다음 세대가 준비하고 있다. 몇 년 뒤에는 지엘이도 성경 암송 대회에 나가겠지? 같은 나무에 같은 꽃이 피는 것처럼, 자손들도 같은 일을 한다. 사람도 자연과 같나?

할아버지가 살았던 삶을 아빠가 살고, 아빠가 살았던 삶을 지엘이가 살아간다. 매번 봄이 와서 같은 꽃이 피듯이, 같은 유전자를 물려받은 다음 세대가 살아간다. 신기한 일이다. 나 혼자만 살아가는 삶이 아니다. 유전자를 물려받은 다음 세대가 이어달리기하는 것처럼, 같이 달려가는 것이 인생이다. 무엇인가 깨달음이 있는 아침이다.

**2024년 4월 2일
지엘이를 사랑하는 할아버지가**

한 세대가 가니 다음 세대가

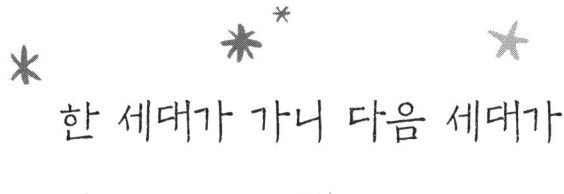

사랑하는 손자 지엘이에게

병원에 검사 결과를 보러 갔더니 어느 수치 하나가 경계선상에 있단다. '5'가 정상과 이상을 판단하는 기준인데 지엘이 수치가 5라고 한다. 자라면서 문제가 없을 수도 있고, 문제가 될 수도 있단다. 지난번 입원하였던 요로감염도 관계있다고 하니 걱정되는 부분이 있다. 아이가 태어나 자라는 것은 저절로 되는 것이 아니다. 지엘이가 건강에 문제없이 잘 자라기를 기도한다.

라엘이가 하룻밤을 지내다 갔다. 얼마나 활동적인지 모르겠다. 잠시도 가만히 있지를 못하고 끊임없이 움직인다. 대단한 에너지다. 우리 손주들이 자라는 모습과 달라서 당황스럽다. 엄마가 멀리 미국에서 가족들 도움 없이 혼자서 키우면서 얼마나 힘들까 싶다. 곧 둘째가 태어나는데 둘을 어떻게 키울지 걱정된다. 지치고 힘든 엄마는 라엘이에게 하지 말라고 소리칠 수밖에 없다. 야단맞고 자라는 라엘이도 불쌍하다. 그런 힘든 과정을 거쳐서 아이들이 자란다. 저절로 당연하게 자라는 것이 아니라, 자녀가 자라는 데 부모의 희생이 있다.

라엘이가 너무 먹지를 않는다. 우유도 거의 먹지 않고, 밥도 거의 먹지 않는다. 간식도 좋아하지 않는다. 무엇이든 먹는 것을 별로 좋아하지 않는다. 하루 동안 어른 숟가락으로 한두 숟가락만 먹었다. 엄마와 할머니가 무지 애를 쓰는데 먹지를 않는다. 최소한의 영양 공급이 이루어져야 자라는데, 부족해 보여서 걱정스럽다. 지엘이는 많이 먹어서 양을 조절한다는데 라엘이는 반대다. 불공평한 세상이다.

60년 전에는 할아버지와 큰고모할머니, 작은고모할머니가 자랐다. 전농동 작은 집에서 삼 남매가 자랐다. 지엘이가 크고 라엘이가 크는 것처럼, 할아버지와 할머니가 컸다. 자라서 아내를 맞이하고 남편을 맞이하여서 가정을 꾸렸다. 30년 전 우리 집에서는 고모와 아빠가 자랐고, 큰고모할머니 집에서는 기윤이 삼촌과 기준이 삼촌이 자랐고, 작은고모할머니 집에서는 소연이 이모와 연석이 삼촌이 자랐다. 누구는 많이 먹어서 걱정이고, 누구는 먹지 않아서 걱정하였다. 공부를 잘하는 사람이 있었고 덜 잘하는 사람이 있었다. 그 자녀들이 자라 결혼하여 가정을 꾸렸다. 가을에 연석이가 결혼하면 다 결혼하게 된다. 또 세월이 흘렀다.

30년이 지나니 그다음 세대가 자라고 있다. 신기한 일이다.
30년이 지나면 지엘이가 장가가고, 라엘이가 시집가겠지? 그다음 세대가 태어나 자라겠지? 역사가 흘러간다. 죽은 듯한 땅에 봄이 되니 꽃이 피는 것처럼, 한 세대가 가니 다음 세대가 또 온다.

2024년 4월 4일
지엘이를 사랑하는 할아버지가

하나님 창조 사역의 동역자

사랑하는 손자 지엘이에게

몇 시간 지엘이와 같이 있었다. 두 시간 간격으로 일과표가 진행된다. 놀다가 "졸려" 하면 엄마가 안아서 재우고, 일어나면 기저귀 갈고, 다시 논다. 하루 4번 우유 먹는 시간이 가장 좋아하는 시간이다. 혼자는 할 수 없으니 놀 때도 같이 놀아야 하고, 찡찡대면 안고 있어야 한다. 지엘이와 같이 있으려면 많은 에너지가 필요하다.

엄마가 너무 고생하는 것을 실감하였다. 지엘이 보는 것도 너무 힘든 일인데, 중간중간 설거지도 하고, 젖병도 소독하여야 하고, 지온이 반찬도 만들어야 하고, 옷도 빨아야 한다. 왜 젊은 여자가 결혼하지 않고, 아이를 낳지 않는지 실감할 수 있었다. 몇 시간 지엘이와 놀면서 안아 주었는데 팔다리가 아프다. 엄마가 아프지 않을까 걱정된다. 지엘이를 돌보시는 외할아버지 외할머니가 수고하고 애쓰고 계신다.

아이가 자라는 데 부모의 희생이 거름이다. 거름이 없으면 곡식이 제대로 자라지 못한다. 자라기는 하는데 풍요로운 열매를 거둘 수 없다. 부모의 희생으로 자녀들이 바르게 자란다. 사람다운 사람이 된다. 부모들이 자기 자녀는 다 정성껏 키우지만 지엘이 엄마는 특별하다. 미운 4살이 되는 지온이가 말을 듣지 않는 상황에도 싫은 소리 한번 하지 않고 기다려 주고 참아 준다. 피곤한 상황에서도 지온이 말에 언제나 긍정적으로 반응해 주고 놀아 준다. 지온이가 예쁘게 바르게 잘 자라는 것, 엄마가 잘 키운 덕이다. 감사한 일이다.

지엘이가 자주 깨서 잠이 부족하다는 이야기가 가장 가슴 아프게 들렸다. 종일 피곤하게 지냈어도 밤에 단잠을 자면 피곤이 회복되는데, 잠도 제대로 자지 못한다고 하니 걱정된다. 100% 에너지를 사용하여서 지엘이를 양육한다. 두 돌만 지나면 나아진다고 하니, 조금만 더 고생하면 되겠다. 아빠는 야근이어서 10시 넘어야 퇴근한단다. 아빠 엄마가 수고하고 애쓴다. 이 땅의 아기를 키우는 모든 아빠 엄마를 축복하며 기도한다. 겨우 할아버지가 할 수 있는 일이다.

사랑하는 하나님.
지온이와 지엘이를 키우는 며느리, 나래가 너무 수고하고 애씁니다. 하나님이 맡겨 주신 귀한 생명, 소중하게 잘 키우고 있는 나래를 칭찬하여 주시옵소서! 하나님 창조 사역의 동역자로 일하고 있습니다. 나래뿐만 아니라 이 귀한 일 감당하는 이 땅의 젊은 엄마들을 축복하며 기도합니다. 아이를 낳아 키우는 일이 하나님 나라를 만들어 가는 가장 중요한 일인 것을 알아, 이 귀한 일 잘 감당하는 부모들 되게 하여 주시옵소서! 예수님 이름으로 기도합니다. 아멘.

2024년 4월 9일
지엘이를 사랑하는 할아버지가

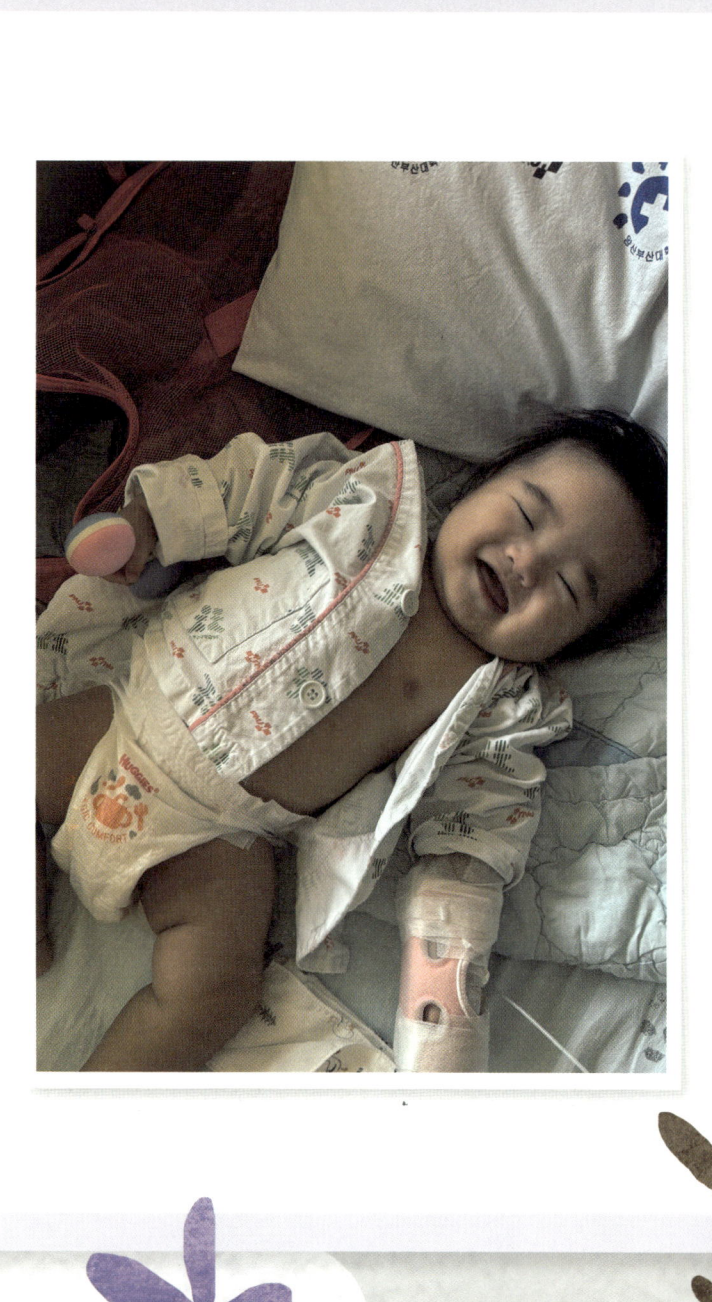

하나님께서 주시는 복을 누리며 사는 사람

사랑하는 손자 지엘이에게

지난 일주일간 매일 지엘이를 보았다. 처음에는 낯설어하더니 자주 보니 반가워한다. 보이지 않으면 마음도 멀어진다는 속담이 있는데 사실이다. 자주 보니 마음이 더 가고, 마음이 더 가니 더 자주 보고 싶어진다. 지엘이와 정이 더 깊어지는 일주일이었다. 지엘이의 웃는 모습도 기억나고, 묵직한 무게도 기억난다.

아침에 지온이를 등교시키고 하교할 때까지 시간이 있어서, 구미도 갔었고, 장도 보았고, 목사님과 점심 식사도 하였다. 금요일에는 남창에 있는 발리 온천에 갔다가, 얼크니손칼국수 먹고, 간절곶 한 바퀴 돌고, 차를 마시면서 시간을 보냈다. 여유 있는 일상이 감사하다. 60대 나이에 은퇴하여서 경제적으로 어려움을 겪는 사람이 많다. 일하지 않으면 기본적인 생계를 유지할 수 없어서 일해야 하는 사람이 많은데, 연금이 나오니 다행이다. 아내와 사이가 좋지 않아서 은퇴 후 부부가 같이 시간 보내는 것을 힘들어하는 사람도 많은데, 감사하게도 할아버지는 할머니와 사이가 좋다. 자식과 문제가 있는 집들도 많은데, 딸과 아들과 좋은 관계를 유지하며 지낸다. 감사한 일이다. 하루하루가 감사로 가득하다. 참 좋다!

태화교회 부목사님 부부가 오셔서 같이 식사하였다. 은퇴 후 좋은 시간을 보내는 할아버지가 부럽다고 이야기하신다. 좋은 장소에, 좋은 집을 짓고, 좋은 시간을 보내고 있는 모습이 좋아 보이는 모양이다. 하나님께서 주신 복을 누리며 살고 있다. 세상 사람들에게 하나님께서 주시는 복을 누리며 사는 사람은, 지금 이곳에서 어떤 삶을 사는지 보여 주고 싶다고 기도하는데, 비슷한 모습이 되는 것 같아 감사하다. 아무리 설명하여도 이해가 되지 않을 때 예를 보여 주면 쉽게 이해된다. 혹시 할아버지 삶이 예가 되지 않을까? 기대한다.

　　새로운 기도 제목은 멋지게 하늘나라 가는 모습을 보여 주는 것이다. 잘 죽는 것은 결코 쉬운 일이 아니다. 잘 살았는데 마지막이 안 좋은 사람들도 많이 본다. 지금까지 잘 살게 하신 하나님께서 마지막 가는 길도 잘 인도해 주시기를 기도한다. 지엘이가 할아버지 죽음의 증인 되겠다.

　　사랑하는 하나님.
　　감사가 물 밀듯이 밀려옵니다. 가만히 생각하니 하나님께서 주신 복이 너무 많습니다. 믿음 주시고, 건강 주시고, 물질 주시고, 자녀의 복을 주셨습니다. 감사합니다. 예수 그리스도의 향기를 내면서 남은 삶도 살게 하여 주시옵소서! 우리 자녀들도 예수 잘 믿어, 제가 받은 복을 다 받아 누리며 살게 하여 주시옵소서!

2024년 4월 15일
지엘이를 사랑하는 할아버지가

저희는 망하고 우리는 흥한다는 말씀이

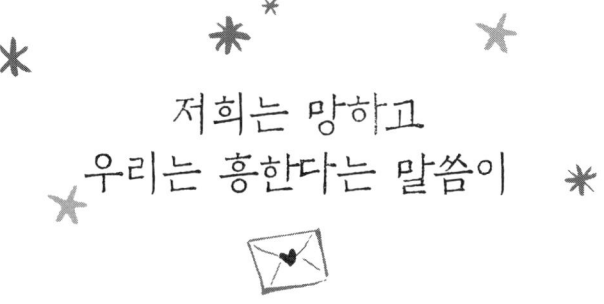

사랑하는 손자 지엘이에게

어제는 새벽 4시에 일어나서 서울에 왔다. 할머니 골다공증을 병원에서 진료받고, 미국에서 온 욱영이 할아버지 부부와 점심 식사하고, 대심방 중이어서 교구 담당 목사님의 심방을 받고 저녁 식사하였다. 오늘은 외증조할머니 병문안 갔다가, 황금옥 원장님 병문안 가는 일정이 있다. 교회 집사님 딸 결혼식이 있는데 시간이 되지 않을 것 같다. 내일은 7시 1부 예배 기도를 하고, 11시엔 남양주 동안교회 기도하고, 오후 7시에 인천 공항에서 선교회 사람들을 만나 에티오피아로 출국한다. 2박 3일 바쁜 서울 일정을 보내면, 9박 10일 바쁜 에티오피아 일정이 기다리고 있다.

남미 여행을 끝내고 온 충식이 할아버지 부부와 형석이 할아버지 부부와 같이 욱영이 할아버지 부부를 만났다. 동안교회에서 만난 중학교 시절 친구이니 50년 되었다. 친구들이 있어서 감사하다. 하나님께서 주신 복으로 믿는다. 모인 4명 중 3명이 교회 장로다. 마포에 있는 진미 식당에서 간장게장을 먹었는데, 적어도 두 달 전에는 예약하여야 하는 유명한 식당이다. 나중에 지엘이가 간장게장을 좋아할 나이가 되면 와 보자! 할아버지 입맛에는 비슷한 맛인데 사람들이 좋아한다. 할아버지 입이 고급이 아닌 모양이다. 다수의 의견이 맞지 않을까? 맛난 식당에서 식사하고 차도 마시면서 오래 이야기하다 헤어졌다. 미국에 사는 종식이 할아버지와 영상 통화도 하였다.

친구들을 만나 이야기하면 건강 이야기를 자주 한다. 친구 중에 할머니와 할아버지만 약을 먹지 않는다. 고혈압 약을 먹거나, 당뇨 약을 먹거나, 여러 약을 먹는 나이가 되었다. 외증조할아버지가 골다공증이 있으셨다. 유전인지 할머니도 골다공증이 있어서 병원 치료를 몇 달에 한 번씩 받는다. 골밀도 지수가 좋아지지는 않는데, 더 나빠지지 않으면 좋겠다. 치료받는데도 별로 좋아지지 않는다.

아직도 이문동 삼성아파트 구역에 소속되어 있어서 목사님 심방을 받는다. 할아버지 부부를 위하여서 시편 20편 7절 8절 말씀을 주셨다. "혹은 병거, 혹은 말을 의지하나 우리는 여호와 우리 하나님의 이름을 자랑하리로다. 저희는 굽어 엎드러지고 우리는 일어나 바로 서도다." 저희는 망하고 우리는 흥한다는 말씀을 하시면서, 저희가 되지 않고 우리가 되는 장로님 부부가 되기를 바란다고 말씀하여 주셨다. 지금도 그 복을 누리며 사는 모습을 보는데, 앞으로도 그러기를 바란다고 축복해 주셨다. 개인적인 이야기 많이 나누었는데, 감사한 시간이었다.

하루 지낸 일만 하여도 한 페이지가 된다. 아프리카 가서도 이렇게 써야겠다. 새벽에 일어나서 큐티 하고, 편지 쓰는 일상을 유지하여야겠다.

2024년 4월 20일
지엘이를 사랑하는 할아버지가

아프리카에서 받은 은혜

사랑하는 손자 지엘이에게

아프리카에서 돌아왔다. 아프리카에서 썼던 글을 편지 대신하여 보낸다.

첫째 날 받은 은혜

GSM 아프리카 선교대회가 열립니다. 얼마나 많은 은혜를 부어 주실지 기대하는 마음이 많습니다. 선교대회가 시작하기도 전에, 전방 선교사님을 만나 선교 보고를 듣기도 전에 받은 은혜가 많습니다.

주일 오후 7시에 인천공항에서 만나 단체 짐을 정리하는 일로 일정이 시작되었습니다. 23시 55분에 출발하여 4시 25분에 두바이에 도착하였으니, 시차를 계산하면 10시간 비행입니다. 6시간 기다렸다가 10시 50분에 출발하여 아디스아바바 공항에 2시에 도착하여 숙소에 도착하니 6시였습니다. 거의 30시간 걸려서 왔습니다. 긴 시간 10명의 팀원, 그 누구 하나 짜증 내는 사람 없이 밝은 표정으로, 감사한 마음으로 지내는 모습이 은혜였습니다. 이런 사람들만 있으면 이 힘든 세상도 천국이 될 것 같습니다.

오면서 낯선 외국인들을 많이 보았습니다. 우리와 전혀 다른 복장을 한 아랍인들을 보면서 저들을 위하여 힘들게 복음을 전하는 선교사님들 생각하였습니다. 같은 기독교인 중에서도 이슬람 사람들을 악의 축으로 보는 사람도 있는데, 전에는 나도 그렇게 생각하였는데, 점점 사랑하여야 할 이방인으로 보게 됩니다. 예전에는 하지 않았던 생각입니다. 아직은 낯선 모습의 흑인들인데, 이번 선교대회가 끝나면 조금 더 가까워지지 않을까요? 저들을 사랑하며 살아가는 선교사님 이야기를 듣고 나면, 예전과 다르게 저들을 사랑하는 마음이 생겨날 것 같습니다. 하나님의 마음을 품고 볼 수 있을 것 같습니다. 선교대회에 참가하면서 배우는 가장 큰 배움입니다.

권사님과 집사님이 준비하신 물품이 은혜였습니다. 이민 가방 4개 가득 미역, 된장, 고추장 등등을 준비해 오셨습니다. 아내가 남편을 위하여 준비한 가방 배달을 부탁받았는데, 물건이 비슷합니다. 아내가 사랑하는 남편을 위하여 준비하는 그 마음으로 준비하셨습니다. 최소의 무게로 최고의 물건을 선택하기 위하여서 집었다 놓았다 반복하셨던 모습이 그려집니다. 미군 부대 다니는 지인에게 부탁하여서 구입한 물품도 있다고 하십니다. 사랑입니다. 정성입니다. 여행에 필요한 최소한의 물건만 가지고 가는 팀원들도 감사한 사람들입니다. 하나님께서 좋아하시는 일을 하는 좋은 후방 선교사들입니다.

수백 명이나 타는 두바이행 비행기가 만석입니다. 두바이가 유럽, 튀르키예, 아프리카, 남미, 전 세계로 가는 사람들 중간 기착지이기에 여러 여행사의 여러 단체 여행객들이 있습니다. 옆자리 할아버지 부부는 튀르키예로 8박 9일 여행을 가신다고 하시며, 어디 가느냐고 물으셔서 아프리카 선교대회 간다고 했습니다. 우리 GSM 선교단체 이야기를 하였더니, 인생 잘 산다고 부러워하십니다. 좋은 장소로 여행 다니는 분이 저를 부러워하십니다. 저는 그분이 부럽지 않았습니다. 같은 시간과 비용으로 좋은 장소에서 좋은 시간을 보낼 수도 있지만, 하나님을 사랑하는 마음으로 전방 선교사님 섬기는 일에 우선순위를 두고 있는 후방 선교사님들을 하나님께서 좋아하시며 칭찬하시지 않을까요? 78세 되신 할아버지 이야기를 들으며, 하나님도 좋아하시겠다는 생각이 들어서 참 좋았습니다.

첫날 아직 전방 선교사님을 만나기도 전에 받은 은혜가 많습니다. 하나님께서 GSM 아프리카 선교대회 기간 가운데 얼마나 많은 은혜를 부어 주실까요? 기대됩니다.

둘째 날 받은 은혜

선교대회를 통하여서 많은 분을 만납니다. 전방 선교사님도 만나고 후방 선교사님도 만납니다. 어제까지는 후방 선교사님이 지내시는 모습에서 은혜를 받았습니다. 도전도 받았습니다. 훌륭한 분들을 보면서 비슷하게 살아야겠다는 다짐도 하게 됩니다. 감당할 만한 시험처럼 보입니다. 잘만 하면 저기까지 갈 수도 있겠다는 생각도 듭니다.

그러나 오늘 만난 전방 선교사님 이야기는 다릅니다. 같은 '선교사'라는 단어를 쓸 수 없다는 생각이 듭니다. 차원이 다른 삶을 살고 계십니다.

전방 선교사님의 선교 보고를 듣습니다. 척박한 아프리카 땅에서 살아가시는 선교사님들의 이야기를 듣는데, 차원이 다른 이야기를 들으면서 충격을 받습니다. 감히 비슷하게 살아갈 결심을 할 수도 없습니다. 소화하기가 쉽지 않습니다. 본토 아비 집을 떠나 살아가는 전방 선교사님들은 어디에 계셔도 감동입니다만, 아프리카 땅은 더 특별합니다. 선교의 꽃이라고 부르기에 부족함이 없습니다.

잔지바르에서 사역하시는 정부진, 조재숙 선교사님의 선교 보고를 들었습니다. 가장 아름다운 섬이라고 불리는 탄자니아의 섬에서 사역하십니다. 몇 년 전 관광을 위하여 잔지바르를 찾은 적이 있었습니다. 고급 호텔들이 즐비한, 산호가 아름다운 해변을 보고 왔는데, 선교사님이 보신 것은 사람입니다. 복음이 필요한 사람들이 보이니, 해야 할 사역들이 보이고, 그 일들을 이루기 위하여 최선을 다하여서 오늘을 살아가십니다. 남들은 보지 못하는 것을 보게 하십니다. 남들은 듣지 못한 것을 듣게 하십니다. 우물 사역도 귀하고, 학교 사역도 귀합니다. 선교사님의 간증 선교 보고를 들으면서 무엇을 보라고 하시는 것입니까? 무엇을 들으라고 하시는 것입니까? 질문하면서 듣습니다.

우간다에서 사역하시는 박민수 선교사님의 보고를 듣습니다. 한국에서도 장애인 사역은 힘든 사역이어서 사역자 구하기가 쉽지 않은데, 먼 이국땅에서 장애인 사역을 하시는 것이 감동입니다. 교회 장애인 부서에서 사역자를 구하지 못하여서 몇 달 고생하였습니다. 같은 조건에 힘들고 어려운 장애인 부서에서는 사역하기 싫다는 젊은 전도사님들 이야기를 듣고, 다음 세대가 걱정되어 힘들었습니다. 고아와 과부와 이방인에게 특별한 관심을 보이시는 하나님께서 선교사님의 귀한 사역에 기름 부어 주시기를 간절히 기도합니다. 낮고 천한 자를 찾아가 사랑하시는 예수님의 마음을 알아, 예수님의 손과 발이 되어 사역하십니다. 나는 어디에 마음을 두고 있나? 질문하면서 듣습니다.

케냐에서 사역하시는 김원기, 이선영 선교사님의 보고도 감동이었습니다. 암 투병 중에 생명이 위태로운 상황에서 특별한 방법으로 살려 주시고, 아내를 만나게 하시고, 케냐에서 기독교 방송국을 만들어 사역하시는 이야기가 전혀 현실적이지 않습니다. 한 편 한 편의 이야기들은 불가능한 일이 가능한 일이 된 이야기들입니다. 아내 선교사님의 하나님을 향한 절대적인 믿음이 대단합니다. 생명이 위중한 남편을 만나 늦은 나이에 결혼하신 이야기가 성경 속 이야기 같습니다. 우리나라 기독교 방송국을 통하여서 이루어진 복음 사역의 역사가 케냐 방송국을 통하여서도 이루어지게 해 달라고 기도합니다.

에티오피아에서 사역하시는 이성근, 우승희 선교사님의 사역 보고는 또 다른 감동이 있었습니다. 선교지에서는 눈에 보이는 하드웨어적 사역이 많은데, 눈에 보이지 않는 소프트웨어적 사역을 하십니다. 치과의사의 전문성을 살려 젊은이들에게 선교적 마인드를 심어 주시는 사역입니다. 성경 공부를 통해, 선교 집회를 통해 제자들이 자라고 있습니다. 예수님이 하셨던 방법이고, 사도 바울이 하셨던 방법입니다. 에티오피아 주변에 있는 이슬람 나라에 선교사로 파송될 하나님의 군사를 양육하고 있습니다. 선교사님이 꿈꾸는 내용이 선교학책에서나 보았던, 현실에서는 보지 못하는 허무맹랑(?)한 꿈 같아 보입니다. 그 꿈꾸는 사람을 통하여서 이루어 가실 하나님의 역사가 기대됩니다. 익숙한 현실 세계가 아니라 아주 낯선 하나님 나라를 살아가는 선교사님 이야기를 들으면서 큰 충격을 받았습니다.

강단에서 말씀하시는 보고도 귀하지만, 같은 식탁에서 밥 먹고 차 마시며 나누는 이야기가 더 좋습니다. 엄청난 사역을 감당하는 위대한 사역자의 모습이 아니라, 연약한 인간의 모습을 보면서 더 큰 감동을 받습니다. 같은 욕망을 가진 사람인데, 인간의 욕망을 누르고 더 큰 하나님 나라를 보면서 살아갑니다. 같은 경험을 하며 동시대를 같이 살아가는 사람이기에 더 깊은 공감이 됩니다. 한편은 아픔인데, 한편은 감사입니다. '선교사라는 이름에 어울리게 살아야겠다는 다짐을 합니다.

그 위대한 엘리야 선지자도 로뎀 나무 아래에서 쉬어야 할 시간이 있었습니다. 엘리야 선지자가 로뎀 나무 아래에서 쉼을 통하여 새 힘을 얻고 더 큰 사역을 감당하셨듯이, 우리 전방 선교사님들에게 GSM 선교대회가 로뎀 나무에서 보내는 재충전의 시간이 되면 좋겠다고 기도합니다.

셋째 날 받은 은혜

모든 모임을 찬양으로 시작합니다. 이헌 목사님께서 곡을 정하시고, 기타 반주를 하며 찬양을 인도하십니다. 자주 불렀던 찬송가고 CCM인데 여기에서 부르는 찬양에는 특별한 감동이 있습니다. 이헌 목사님의 탁월한 찬양 인도 능력도 있지만, 우리가 입술로 부르는 찬양이 아니라 우리의 삶으로 부르는 찬양이기 때문입니다. 깊은 곳에 그물을 던지라는 찬양 가사가 선교사님의 고백입니다. 얕은 물가에서 부르던 찬양과 바다 한가운데서 부르는 찬양은 다릅니다. 목사님의 어머니께서 좋아하신 370장 〈주 안에 있는 나에게〉를 찬송하는데, 두려움이 변하여 내 기도가 되었다는 가사에 목이 멥니다. 주와 맺은 언약은 영원히 불변하신다는 부분을 찬양하는데 숨을 쉴 수가 없었습니다. 가사가 이런 뜻입니다. 저도 가장 좋아하는 찬송가가 될 것 같습니다.

박종국 선교사님 이야기를 들으면서 하나님께 감사하였습니다. 그 옛날 홍해를 건너게 하신 하나님께서 오늘도 살아 역사하시는 것을 눈으로 확인할 수 있어서 좋았습니다. 30년 전 처음 이 땅을 밟을 때는 상상도 할 수 없었던 일을 이루어 주셨습니다. 정부 고위 관리들을 자유롭게 만나 이야기할 수 있는 위치가 되셨습니다. 선교대회 조직 위원장으로 수고하여 주셔서, 이번 선교대회가 풍성한 은혜를 누리고 있습니다.

부룬디에서 사역하시는 안창주 선교사님 이야기를 들으면서는, 내일이 기대되었습니다. 본인의 말로 대학생들이 모여 회의하는데, 초등학생이 참석한 것 같다고 하십니다. 이제 사역을 시작하시면서 아무것도 이룬 것이 없는데, 보고할 생각에 불편하셨다고 합니다. 그 마음이 전해져 와서 저도 불편하였습니다만, 박종국 선교사님을 부르셔서 놀라운 일을 이루신 하나님께서 안창주 선교사님을 부르셨음이 믿어집니다. 현실은 보이는 것이 없지만, 믿음의 눈으로 보면 보이는 것이 있습니다. 10년 뒤 부룬디에서 선교대회가 열리면 얼마나 좋을까? 꿈을 꿉니다.

임한중 콩고 선교사님의 보고를 들으면서 좋았습니다. 인도 사역을 평생 하셨는데, 갑자기 길이 막혀 콩고로 오시게 되었답니다. 불평불만을 하실 만도 한데 순종하며 지내십니다. 평생 영어를 배웠는데도 못하는 저로서는 언어를 새로 배우는 것이 불가능한 일처럼 보입니다. 선교를 위하여 새로 프랑스어를 배워서 설교하실 수 있는 수준이 되었다고 하시는데, 얼마나 많은 노력을 하셨을까? 감히 상상해 봅니다. 그 헌신을, 그 순종함을 기쁘게 받으시는 하나님이 느껴져서 좋았습니다.

탄자니아 홍향임 선교사님의 보고를 듣는 내내 마음이 따뜻하였습니다. 저도 이렇게 좋은데, 우리 하나님께서는 얼마나 좋아하실까? 그 마음이 전해져 옵니다. 28살 꽃다운 나이에 부름을 받고 먼 이국땅 탄자니아에서 어린이 사역을 하시다가, 특별한 하나님의 은혜로 현지 목사님을 만나 결혼하여 지내시는 이야기가 한편의 동화 같습니다. 김장환 목사님 아내이신 트루디 사모님 생각이 났습니다. 한국을 대표하는 김 목사님처럼 사무엘 닌자 목사님이 탄자니아를 대표하는 목사님이 되시면 좋겠습니다. 우리 홍 선교사님이 트루디 사모님 같은 역할을 하시면 좋겠다고 기도합니다.

국제 대표이신 김경식 목사님을 알게 된 것이, 가장 큰 기쁨 중의 하나입니다. 훌륭하신 목사님과 일주일을 같이 지내면 실망(?)하는 경우가 많은데, 목사님은 반대이십니다. 알아 갈수록 좋아집니다. 존경하며 닮고 싶은 사람이 있다는 것, 큰 복입니다. 누군가 후배 중에 나를 닮고 싶다고 이야기하면 얼마나 좋을까? 이루어 달라고 기도합니다.

고모부와 고모도, 아빠와 엄마도 GSM 선교회에 가입하여서 선교 다니면 좋겠다. 아윤이, 재윤이, 지온이, 지엘이도 선교회 멤버가 되어서 활동하기를 기대한다.

2024년 4월 30일
지엘이를 사랑하는 할아버지가

에티오피아에서 보낸 열흘

사랑하는 손자 지엘이에게

다시 일상으로 돌아왔다. 5월 1일 23시에 인천공항에 도착하여 서울에서 하룻밤 자고 어제 오후 두동에 도착하였다. 5월 10일 다시 서울 가서 결혼식 참석하고, 3부 예배 기도하고, 14일 미국으로 출국하였다가 7월 2일 귀국한다. 매일 한 편씩 편지 적는 일이 가능할지 모르겠다. 나중에 카톡방에 올리더라도 매일 쓰면 좋겠다.

잘 먹는 지엘이 사진을 본다. 먹고 싶어서 손을 뻗는 모습이 예쁘다. 잘 먹어야 건강하게 자라는데 잘 먹는 지엘이가 좋다. 잘 배변하는 지엘이 사진도 본다. 잘 먹으니 잘 배변한다. 힘주고 배변하는 모습이 예쁘다. 그 순간을 사진으로 담는 엄마의 솜씨가 대단하다. 지엘이가 자라는 모습이 사진으로 담겨 보관되고 있으니 나중에 확인할 수 있겠다.

아프리카 에티오피아에서 열흘 있었다. 가장 가난한 땅, 가장 열악한 곳에 계시는 선교사님을 만나고 왔다. '인제라'라는 시큼한 냄새가 나는 빵(?)이 주식인데, 냄새가 나서 먹기 힘들었다. 조금 지나면 먹을 수 있겠지만 좋아할 맛은 아니다. 열흘 있으면서도 한국 음식이 그리웠는데, 선교사님은 어떠실까? 먹을 수 있는 것, 다른 땅에서 지내는 것만으로도 귀하다는 생각이다. 무슨 이유로 여기에 계시는가? 복음이 무엇이기에 저 고생을 하시는가? 나는 어떤가? 여러 생각을 하면서 지냈다.

전방 선교사님들도 귀하지만 섬기시는 후방 선교사님들도 귀하다. 가지고 있는 것을 자기만 위하여 쓰지 않고, 나누고 베풀면서 사신다. 자기 물질을 예수님을 위하여 써야 한다고 생각하며 사신다. 비록 나는 후방에서 편하게 살지만, 전방에서 고생하시는 전방 선교사님을 잊지 않고 살려고 애쓴다. 절약하고 아끼어 헌금하시는 모습이 귀하다. 전방 선교사로 살아가는 것이 부담스러우면 적어도 후방 선교사로는 살아가야 한다. 우리 자녀들과 손주들이 선교사로 살아가면 좋겠다.

에티오피아에 있는 기독교 유적지를 여러 곳 방문하였다. 랄리벨라에 있는 암굴 교회도 갔었고, 악숨에 있는 시바 여왕 유적지도 다녀왔다. 그리스와 로마 문명만큼 찬란했던 문명이 있었는데 지금은 아니다. 시바 여왕이 다스리던 시절은 부흥한 나라였는데 지금은 세계 최빈국이다. 멀리 가지 않고 70년 전 한국전쟁 당시만 하여도 유엔군의 일원으로 우리나라를 도왔던 힘 있는 나라였는데 지금은 아니다. 나라가 가난하니 국민이 불쌍하다. 우리나라는 어떨까? 한때는 부강하였는데 점점 망해 가는 것은 아닐까? 나라 걱정이 된다. 지엘이가 살아갈 세상이기 때문이다.

2024년 5월 3일
지엘이를 사랑하는 할아버지가

수고하고 무거운 짐 진 자들이 와서 쉼을 얻는 장소

사랑하는 손자 지엘이에게

어디를 가든지 아침에 일어나서 성경 읽고, 지엘이에게 편지 쓰는 일을 멈추지 않으리라 다짐한다. 장소가 바뀌면 낯설어서 하던 일을 계속하기 쉽지 않다. 이번 여행은 두 달이 넘는 긴 기간이라 계속하지 않으면 잃어버릴 것 같다. 좋은 일은 조금만 방심하면 잊게 된다. 아침에 서울로 떠나야 해서 바쁜데 편지를 쓰고 있다.

남창기 장로님 부부와 1박 2일간 같이 지냈다. 아직도 풀타임으로 목회하거나 선교지에 가지 못한 일에 아쉬움이 있다. 지금 살아가고 있는 일이 충분히 가치 있는 일이라고 말씀해 주셔서 감사했다. 풀타임 사역자 중에서 믿음 없이 행하는 사람도 있는데, 주어진 삶의 자리에서 믿음으로 살아가는 모습이 보기 좋다고 하신다. 할아버지처럼 평신도로서 바르게 살아가려 애쓰는 사람도 필요한 세상이다. 무엇을 하느냐가 중요한 것이 아니라, 어디에서든지 믿음으로 살아가는 것이 중요하다.

장로님 부부가 가정 사역에 관심이 많으시다. 허물어져 가는 가정을 회복시키는 프로그램을 강화에서 진행하고 싶어 하신다. 풀러 신학교에서 박사 학위를 받은 전문 강사도 준비되어 있고, 길갈 하우스 장소도 준비되었고 추진력 있는 장로님이 바로 일을 시작할 것 같다. 할아버지와 할머니도 좋은 스텝으로 동역할 수 있지 않을까? 가정 사역은 할아버지가 하고 싶었던 일인데 할 수 있는 기회가 주어지는 것 아닐까?

여전히 부족하지만, GOOD FATHER로 살고 싶다고 평생을 기도하며 살아와서 조금은 남들보다 나은(?) 면이 있는데, 하나님께 쓰임 받으면 좋겠다. 지엘이에게 편지 쓰는 일도 할아버지가 좋아서 하였지만, 주변 사람들에게 선한 영향력을 미치는 도구가 되면 좋겠다. 누군가에게 본받고 싶은 사람이 되는 것은 하나님께서 좋아하시는 삶이다. 그렇게 살고 싶다고 기도한다. 누구보다도 손주들에게 그런 이야기를 들을 수 있으면 좋겠다. 할아버지가 꼭 이루고 싶은 평생 목표다!

'하늘 바람 집'이 소중하게 쓰임받고 있는데, 더 소중하게 쓰임받으면 좋겠다. 오시는 분마다 너무들 좋아하신다. 막연한 기도 제목이었는데 기도 응답이 이루어진다. 지난번 몽골 선교사가 오셔서 남겨 주신 피드백이 좋았는데, 필리핀 선교사 남 장로님 부부가 남겨 주신 피드백도 좋다. 수고하고 무거운 짐 진 자들이 와서 쉼을 얻는 장소가 되면 좋겠다. 감사한 일이다. 지금도 너무 감사하지만, 이후에 펼쳐질 일이 기대된다. 가정 사역이 진행된다면 어려움을 겪는 부부들이 '하늘 바람 집'에 와서 쉼도 얻고 도전도 받으면 좋겠다. 그렇게 쓰임받기를 기도한다. 하나님께서 하시는 일이 놀랍고 놀랍다. 쓰임받아서 감사하다.

**2024년 5월 10일
지엘이를 사랑하는 할아버지가**

알래스카 크루즈의 하이라이트 같은 하루

사랑하는 손자 지엘이에게

알래스카 크루즈의 하이라이트 같은 하루를 지냈다. 빙하를 밟아보지는 못하였지만 직접 눈으로 빙하를 보고, 빙하가 떨어져 나와서 바다로 떠돌아다니는 유빙을 보았다. 알래스카 크루즈에 오는 사람들이 꼭 보고 싶어 하는 두 장면을 보았다.

태평양 바다를 가지만 어디쯤부터는 동해 같은 바다가 아니라, 남해와 비슷한 바다를 간다. 만을 지나는데 오른쪽에도 육지가 보이고 왼쪽에도 육지가 보인다. 바다가 아니라 강을 거슬러 올라가는 것처럼 보인다. 여행 중 가장 북쪽을 가니 유빙이 보이기 시작한다. 새벽 5시부터 작은 조각 몇 조각이 보이기 시작하더니 점점 많이 보인다. 7시 30분까지 올라가더니, 유빙이 많고 바다 깊이가 얕아서인지 배가 더 올라가지 못하고 한 바퀴 회전하고 내려온다. 작은 크루즈는 조금 더 가까이 갈 수 있을 것 같다. TV에서나 보았던 유빙을 직접 눈으로 본다. 황홀한 순간이다. 일훈이 할아버지 아들 승호 삼촌이 먼저 크루즈 여행을 다녀오면서, 7시경 14층 뷔페식당 맨 뒷자리에서 보라고 힌트를 주어서 가장 좋은 자리에서 보았다. 나중에 지엘이가 알래스카 크루즈를 타면 7시에 뷔페식당 뒷자리에 앉아서 유빙을 보거라!

알래스카주의 수도인 주노에 빙하를 보기 위하여 내렸다. 내렸던 도시 중에 가장 큰 도시다. 버스를 타고 30분 가면 그라시아 빙하를 볼 수 있다. 방문자 센터에서 영상을 보니 100년 전에는 방문자 센터까지 빙하가 있었다는데, 지금은 수 km 떨어진 곳에 빙하가 있다. 빙하가 녹는 속도가 심상치 않다. 지엘이도 할아버지가 보았던 빙하를 볼 수 있을까? 녹아서 더 작아진 빙하를 보게 되겠다. 지구 온난화의 현장을 본다. 수천 년 동안 변화가 없었는데 최근 100년 사이에 엄청난 변화를 겪고 있는 빙하다. 더 늦기 전에 크루즈를 타야 한다는 크루즈 회사 광고 문구가 맞는 말이다.

한가운데에 빙하가 보이고, 오른쪽에는 빙하가 녹아서 물이 떨어지는 폭포가 있다. 하늘은 여행 중 가장 맑은 날씨. 한겨울에는 눈이 쌓여 있었을 높은 산에 지금은 식물이 자라 푸른색이 가득하다. 빙하가 녹고 폭포 물이 내려오니 커다란 호수가 있다. 호수 저 끝에 빙하가 보이고, 폭포에서 떨어지는 물소리가 들리고, 푸른 산이 병풍처럼 있고, 하늘에는 뭉게구름이 떠 있고, 10도 정도의 따뜻한 날씨다. 경치를 감상하기에 최고다. 완벽한 한 폭의 그림이다. 우리 평생에 보았던 최고의 장면 중 하나라고 모두 고백한다. 이 시간 이 자리에 있을 수 있음이 너무 감사하다. 하나님께서 주신 복이다.

다음에 다시 오면 카누를 타고 빙하 가까이에 가 보고, 폭포 앞까지 가야겠다. 비행기를 타고 빙하 전체를 보고 싶다. 다시 올 수 있을까? 70살 기념으로 친구들 모두 불러 다시 오자고 이야기한다. 손주들과도 오고 싶다. 멋진 하루였다.

2024년 5월 22일
지엘이를 사랑하는 할아버지가

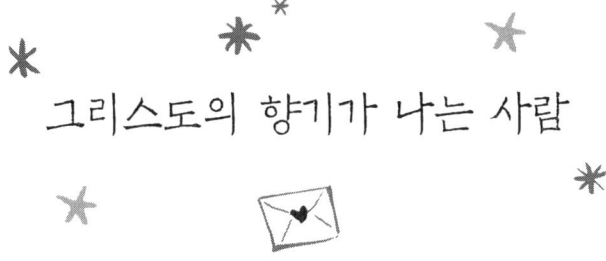

그리스도의 향기가 나는 사람

사랑하는 손자 지엘이에게

지엘이가 공갈 젖꼭지를 찾아 입에 넣으면서 행복해하는 사진을 본다. 잘 먹고 잘 노는 지엘이 모습을 보면서 기뻐한다. 보지 못한 며칠 동안 또 많이 자랐다.

크루즈에서 내렸다. 지난주 금요일에 크루즈를 탔는데 오늘 금요일에 크루즈에서 내린다. 우리는 내렸는데 다시 또 크루즈를 타고 떠나는 손님들이 있다. 손님들은 내리는데 직원들은 다시 일을 시작한다. 일훈이 할아버지가 영어가 자유로우니 직원들과 많이 이야기할 수 있었다. 식당에서 서빙하는 직원은 아프리카 잠비아에서 왔단다. 7개월 동안 계속 일하는 것이 계약 조건인데, 자기는 두 타임 일하고 10월에 잠비아에 갔다 온단다. 일주일 동안 배 타고도 땅에 내리니 좋은데, 7개월간 계속 배에서 일하는 직원들이 불쌍해 보인다. 기회의 땅 미국에서 돈 많이 벌어서 잠비아에 가서 잘 살면 좋겠다. 예전에 우리나라가 가난했을 때, 독일에서 탄광 광부도 하고 간호사도 하였다는데 그 사람들 생각이 난다.

하와이 크루즈를 탔을 때는 미국인 직원이 많았는데 알래스카 크루즈는 제3 나라 외국인이 많다. 객실 청소하는 사람과 식당에서 서빙하는 직원에게 두둑한 팁을 주었다고 일훈이 할아버지가 말씀하신다. 크루즈는 팁을 주지 않아도 되어서 하와이에서는 주지 않았는데, 가난한 나라에서 와 고생하는 알래스카 직원들에게는 팁을 주고 싶었다는 이야기를 들으면서 좋은 그리스도인이라는 생각이 들었다. 약한 자를 보살피는 따뜻한 마음이 있는 일훈이 할아버지가 참 좋아 보였다. 지엘이도 그렇게 살아라! 나만 생각하며 살지 말고, 연약한 자를 보살피면서 사는 지엘이가 되면 좋겠다.

공항까지 가서 다음 목적지인 샌디에이고, 종식이 할아버지 집에 가는 일이 큰일인데, 일훈이 할아버지가 인터넷으로 비행기표를 체크인하는 일도 도와주고 우버 택시를 불러서 공항까지 가는 일도 도와주었다. 일훈이 할아버지가 시에틀에서 샌디에이고, 샌디에이고에서 피닉스, 피닉스에서 볼티모어, 볼티모어에서 시카고, 시카고에서 다시 시애틀로 오는 긴 미국 여행 비행기표 사는 일도 도와주었다. 일훈이 할아버지 도움으로 크루즈 여행을 잘하였고, 남은 미국 여행도 잘할 수 있게 되었다. 고마운 친구다. 할아버지에게만 친절한 것이 아니라 만나는 모든 사람에게 친절하다.

좋은 사람을 만나면 세상이 좋아 보인다. 향기가 난다. 일훈이 할아버지 부부에게서는 그리스도의 향기가 난다. 같이 있으면 세상이 좋아 보인다. 그렇게 살아야 한다. 크루즈 여행 하면서 깨달은 가장 큰 깨달음이다. 할아버지도 그렇게 살아야겠다고 결심했다. 지엘이도 세상을 밝히는 빛으로 살거라!

2024년 5월 24일
지엘이를 사랑하는 할아버지가

말이 통하는 좋은 친구가 있어서 행복

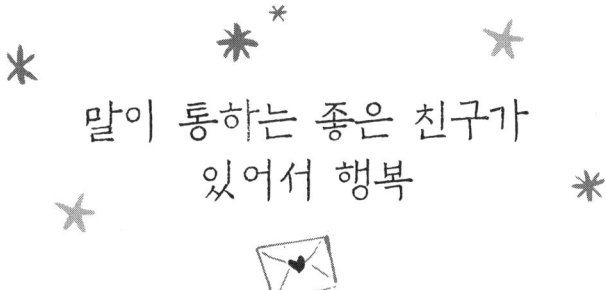

사랑하는 손자 지엘이에게

지온이와 지엘이 인스타그램에 올라와 있는 사진을 보면서 좋아한다. 멀리 떨어져 있어도 인터넷만 연결되어 있으면 인스타그램 사진을 볼 수 있는 좋은 세상이다. 시간 순서에 맞게 사진이 정리되어 있어서 지금 보아도 좋은데, 시간이 지나서 보면 더 좋을 것 같다. 어린 시절의 추억이 그대로 남아 있다.

여행객들이 자주 가는 샌디에이고의 장소를 인터넷으로 검색하면 USS Midway Museum이 1위로 나와 있다. 시포트 빌리지라고 예쁘게 꾸며 놓은 상가건물이 있는 아름다운 해변을 지나면 웅장한 항공모함이 나오는데 거기가 박물관이다. 전 세계에 항공모함을 박물관으로 꾸며 놓은 곳이 두 곳 있다는데 그중의 한 곳이다. 울산 고래 박물관 옆에 장보고함이라는 해군 함정을 본 적 있는데, 규모가 다르다. 우리 기술로 만든 거대한 함정이라고 자랑하였는데 항공모함을 보니 작은 배에 불과하다. 데크에 전투기와 수송기 등 수십 대의 비행기가 있는 규모다. 관람객에게 모두 공개된 것이 아닌데, 공개된 곳만 다녀도 몇 시간이 걸린다. 세계를 지배하는 막강한 미국의 힘이 군사력에서 나온다. 북한이 가장 두려워하는 것이 미국 항공모함이라는 기사를 본 적이 있는데 이해가 된다. 퇴역 군인들이 비디오를 틀어 주면서 설명하는 곳이 여러 곳 있다. 알아들을 수 있다면 얼마나 좋을까 싶었다.

캘리포니아에서만 판다는 인앤아웃 햄버거로 점심을 먹고, 호텔 델 코로나도에 갔다.

시내에서 가려면 항공모함이 밑으로 다닐 수 있을 만큼 높게 만들어진 다리, '코로나도 브릿지'를 건너야 한다. 좌우로 펼쳐진 모습이 장관이다. 해군 함정도 있고, 요트도 다니고, 해변가 고급 주택가도 보이는 멋진 경치다. 1888년에 지어진 호텔 건물도 멋지고, 바로 앞 비치도 멋지다. 비치에서 바라보는 바닷가 모습이 근사하다. 이리 보아도 멋지고, 저리 보아도 멋지다. 사진도 여러 장 찍었다.

종식이 할아버지와 관광하고 오니 재경이 할머니가 장어를 굽고 부대찌개를 끓여서 저녁 식사를 준비해 놓았다. 종식이 할아버지와 재경이 할머니가 할아버지 부부 때문에 수고가 많다. 감사한 일이다. 할머니가 이야기를 많이 하여서 목이 아프단다. 중학교 시절 추억부터 손자들 살아가는 이야기까지 수많은 이야기들을 하면서 지낸다. 말이 통하는 좋은 친구가 있어서 행복하다. 멋진 집에서 지극한 환대를 받으며 행복한 시간을 보내고 있다. 감사한 일이다.

지엘이도 할아버지처럼 평생을 같이할 수 있는 좋은 믿음의 친구가 있으면 좋겠다. 하나님께서 지엘이에게 그 큰 복을 주시기를 기도한다.

2024년 5월 27일
지엘이를 사랑하는 할아버지가

무엇인가 영적인 분위기가 느껴지는 세도나

사랑하는 손자 지엘이에게

아윤이 누나가 울산 노회에서 주최한 성경 암송대회에서 동상을 받고 예배 시간에 성도들 앞에서 암송하였다. 떨리기는 하였는데 잘했다고 영상 통화 하였다. 자랑스러운 아윤이 누나다. 예전에 아빠가 어렸을 때, 동안교회가 속해 있는 평북노회 시합에서 상을 받았던 적이 있는데, 나중에 지엘이도 성경 암송대회 나가서 상 받아라!

할아버지와 할머니는 1박 2일 동안 피닉스에서 가장 유명한 여행지 세도나를 다녀왔다. 피닉스 사람들이 주말이면 자주 찾는 장소란다. 세도나는 검붉은 사암 절벽이 유명하다. 할머니가 전에 왔었을 때, 이 붉은 절벽에 탄복하였다고 하는데 할아버지도 탄복하였다. 다량의 철분이 함유되어 있어서 검붉은색이 나는데, 철분이 강력한 자기장을 형성하기 때문에 세도나는 지구상에서 가장 기운이 센 땅으로 알려졌다.

강력한 에너지 소용돌이를 볼텍스라고 하는데, 세도나에는 벨락, 대성당 바위, 에어포트 메사, 보인턴 캐니언 등 4대 볼텍스 지역이 있다. 맨 처음은 시내 전체를 한눈에 볼 수 있어서 뷰가 시원하고 쫙 펼쳐진 전경이 그야말로 예술인 장소, 에어포트 메사를 갔다. 차를 타고 산 위로 한참을 올라가는데, 내려서 보면 좌우 사방이 한 폭의 그림이다. 저녁 시간에 올라갔는데 석양에 비친 모습이 황홀하다. 벨락은 머물던 호텔 바로 앞이어서 수시로 보았다. 트레일 코스가 있어서 오르고 싶었는데 하루에 두 군데 오르는 것은 어려워서 먼저 갔던 친구들이 추천한 보인턴 캐니언을 오르기로 하였다. 더워지기 전 새벽 5시에 호텔을 출발하여 갔다. 주차장에서 한 시간을 걸으면 바위산이 나오는데 어렵지 않게 오를 수 있다. 붉은 산길이 특별하다. 오를 때는 해가 떠오르기 전이어서 쌀쌀하였는데, 내려올 때는 땀이 흘렀다. 산 위 바위에 올라가서 보는 풍경은 아래에서 보는 것과 전혀 다르다. 사진을 찍었는데 감동이 담기지 않는다. 바위에 앉아 아래를 내려다보는데 속세를 떠나는 느낌이 든다. 볼텍스가 느껴진다. 설명할 수가 없다. 대성당 바위는 바라보는 것으로 만족하였다.

성십자가 예배당은 좋아서 이틀 동안에 두 번이나 갔다. 붉은 바위로 둘러싸인 아름다운 자연경관이 근사하다. 탄복이 절로 나온다. 현대적이고 심플하지만 종교적, 전통적인 요소가 풍부하게 결합된 독특한 건축 양식이 훌륭하다. 성당 내부의 예수 그리스도 십자가상이 평화롭고 감동적인 분위기를 만들어 낸다. 밖에서 보면 높은 십자가가 건물 한 면을 장식하고 있는데 그 모습도 감동이다. 하나님이 만드신 자연과 인간이 만든 성당 건물이 절묘하게 조화를 이룬다. 이렇게 좋을 수가!

무엇인가 영적인 분위기가 느껴져서 세도나가 좋았다. 지엘이도 와 보기를 추천한다.

2024년 6월 1일
지엘이를 사랑하는 할아버지가

서부의 자연도 부럽고
동부의 문화도 부럽다

사랑하는 손자 지엘이에게

지온이 형이 어린이집에 가 있는 동안 아빠 엄마와 지엘이, 3명이 데이트하며 찍은 사진을 보았다. 지온이 형이 주인공이고 지엘이는 조연인 경우가 많았는데, 지엘이가 주연이 되는 경우가 점점 많아진다. 아빠 엄마가 외식하는 동안 아기 의자에 앉아서 노는 모습이 보기 좋다. 건강하게 무럭무럭 자라는 지온이 모습을 보니 감사하다.

워싱턴 D. C.에 있는 바이블 뮤지엄을 예약해 놓아서 다녀왔다. 7층 건물 전체가 박물관이다. 한 층은 고대 바벨론 제국, 앗수르 제국 성경에서 이름만 들었던 제국들의 유적이 있다. 고대 제국의 유물 속에 성경이 말하는 내용이 들어 있는 것을 눈으로 확인할 수 있게 만들었다. 신화 속의 내용의 아니라 현실에 있었던 사실임을 증거를 통하여서 보게 만들었다. 한 층은 고대 이스라엘의 모습을 재현해 놓았다. 마치 예수님이 다니셨던 예루살렘 거리를 걷는 것 같다. 우물가도 있고, 올리브 나무도 있고, 요단강도 있다. 성경이 확실히 이해된다. 한 층은 구약 시대에 쓰였던 동전도 있고, 그릇도 있고, 옷도 전시해 놓았다. 유물들이 어디에서 발굴되었는지 지도에 표시해 놓았다. 성경 속 내용이 살아서 우리 눈 앞에 펼쳐진다. 입체적으로 성경이 이해된다. 한 층은 성경이 미국 역사에 얼마나 영향을 끼쳤는지 설명해 놓았는데 정치, 경제, 사회, 문화, 예술 등등 영향을 미치지 않은 부분이 없다. 평등, 인권, 자유, 우리가 소중히 여기는 것, 성경이 가르친 내용이다. 성경의 가르침대로 미국 역사가 이어져 왔음을 가르치고 싶어 한다. 감동적으로 여기저기를 살피니 부러워졌다. 서부의 자연도 부럽고 동부의 문화도 부럽다.

돌아오는 길에 신혜 이모할머니 부부와 기준이 삼촌 부부를 만났다. 멀리서 왔다고 시간을 내어서 찾아와 주었다. 이모할머니의 30년 전 이민을 와서 학교 졸업하고 결혼하여 자녀들 키우면서 살아온 이야기를 들었다. 삼촌 부부의 5년 전 유학으로 와서 영주권 받기까지 지내 온 이야기를 듣는다. 젊은 시절 더 넓은 세상에서 꿈을 꾸며 지내는 것이 좋아 보인다. 할아버지가 교사가 되지 않았더라면 30대 시절 미국으로 오지 않았을까? 하는 생각이 든다. 미국에 계신 증조할아버지가 오라고 이야기한 적이 있다. 그때 왔었더라면 전혀 다른 삶을 살았겠다. 가 보지 않은 길에 대한 그리움이 있지만, 한국에서 좋아하는 선생님을 하면서 평생을 산 것은 지극히 감사한 일이다. 자녀들을 생각한다. 나처럼 살아도 좋겠지만 딸과 아들은 다르게 살면 어떨까? 손주들은 다르게 살아도 좋겠다는 생각이 든다.

두 부부가 식탁에 앉아서 지난날 이야기를 하면서 우리에게 좋은 길을 인도해 주신 하나님께 감사드린다고 고백한다. 좋은 가정을 꾸리며, 교회의 일꾼으로 경제적으로 어려움 없이 사는 지금 우리가 누리고 있는 행복이 크다고 고백한다. 잘 자랐다. 감사하다.

2024년 6월 6일
지엘이를 사랑하는 할아버지가

시카고에서는 아키텍처 투어를

사랑하는 손자 지엘이에게

시카고 증조할아버지가 시내 관광을 하라고 운전기사 한 분을 불러 주셨다. 정식 가이드는 아니지만, 한국에서 손님이 오면 운전하시며 안내해 주시는 분이다. 시카고를 잘 알고 계시는 분과 하루 일정을 차 타고 다니며 편안하게 관광하였다. 비용이 많이 들 텐데 부자 할아버지가 계시니 좋다.

시카고 관광의 처음은 배를 타고 시카고강을 오르락내리락하면서 건물을 보는 것이다. 아키텍처 투어라고 하는데 근사하다. 투어하다가 보니 왜 시카고가 건축의 도시라고 불리는지 알 것 같다. 건축물 하나하나 개성이 있고, 현대식의 건축물과 100년 이상의 역사를 자랑하는 오래된 건축물을 보며 감탄하였다. 투어 가이드가 열심히 설명해서서 웃고 환호하며 반응이 뜨거운데 영어를 알아들을 수 없어서 답답하였다. 지엘이는 영어 공부를 열심히 하여서 다 알아들어라! 오늘은 기사와 와서 대충 보고 가는데 내일은 우리만 기차 타고 다시 오기로 하였으니 더 잘 볼 것 같다. 시카고피자와 핫도그가 유명한데, 오늘은 85년 된 핫도그 가게에서 핫도그로 점심을 먹었다. 소시지가 너무 커서 저녁까지 배가 불렀다. 피자집은 오래 기다려서 시간이 아깝단다. 내일 점심은 시카고피자다.

시카고 여행 관람 필수 코스인 미술관에 갔다. 별로 미술관을 좋아하지는 않는데 이번에는 다르다. 미술 관련 방송을 보면서 배웠던 지식이 전에는 보지 못하였던 것을 보게 한다. 고흐의 〈자화상〉을 보는데, 숨이 멈추는 듯한 감동이 전해져서 나 스스로가 놀랐다. 나에게도 이런 예술적 감각(?)이 있었는데, 계발이 되지 않았나 싶었다. 사진으로 많이 보았던 작품인데 실제로 보니 그 감동이 다르다. 많은 사람이 미술관을 찾는 이유를 알겠다. 모네, 마네, 고갱 등등 교과서에서 보았던 작품들이 많다. 시간이 있다면 꼼꼼히 살펴보고 싶었는데 대충 보고 나왔다. 특별히 작가가 누군지도 모르겠는데, 예수님 무덤에서 놀라는 두 제자를 그린 그림이 기억난다. 그 표정이 압권이다. 여러 생각이 섞여 있는 얼굴 모습을 보는데 실감이 났다. 이런 그림을 보고 자란 사람과 보지 못하고 자란 사람은 다를 것이다. 미국이 부럽다는 생각을 여기저기서 한다. 지엘이도 꼭 미술관에 와서 이 그림들 보아라!

천문대에서 바라본 시카고 모습이 사진에서 늘 보던 시카고 모습이다. 미시간 호수 끝에서 시카고 스카이라인을 바라보는데 그림 같다. 그림만큼이나 아름답다. 전체 구도를 잡아서 건물 하나하나를 건축하여서 멋진 스카이라인을 만들었나? 자연은 자연대로 아름답고 도시는 도시대로 아름답다. 멋진 시카고 여행을 한다.

2024년 6월 13일
지엘이를 사랑하는 할아버지가

나 닮은 레이크는?

사랑하는 손자 지엘이에게

시애틀 선교대회를 끝내고 선교사님들과 여행하고 한국 후방 선교사님들과 밴프와 재스퍼 여행을 다니면서는 글을 적지 못하였다. 한가하게 한 시간 동안 글을 적을 수가 없었다. 다시 일상으로 돌아왔다. 아직 두동으로 가지는 못하였지만 이문동에서 하루를 시작한다. 아직도 시차 적응이 되지 않았는지 정리가 안 된다. 시간이 걸릴 것 같다.

목사님 부부와 여행하면서 하루 지낸 느낌을 발표하는 시간이 있었다. 그 글이다.

나 닮은 레이크는?

밴프와 재스퍼를 여행하면서 수많은 호수를 본다. 레이크 루이스의 아름다움은 말로 표현하기 어렵다. 에메랄드 레이크도 황홀하다. 호수 물빛이 너무 좋아서 탄복이 절로 나온다. 처음 본 모레인 호수의 신비함도 감동적이다. 화려한 경관의 호수가 가는 곳마다 가득하다.

사람들은 오늘 본 다섯 호수가 재스퍼를 여행하면서 가장 기억나는 호수라고 한다. 무엇이 있어서 이 아름다운 호수 중에서 제일 좋아하는 호수가 되었을까? 첫 번째 호수가 좋았지만, 최고는 아니다.

두 번째 호수는 웅덩이 같아서 있는지도 몰랐다. 세 번째 호수는 근사하여서 사진을 많이 찍었다. 네 번째 호수도 주변 경관과 어울리는 근사한 호수다. 다섯 번째 호수도 좋았다. 너무 크지 않아서 호수 전체가 눈으로 다 들어온다. 멀리 설산과 가까운 산림과 맑은 호수가 조화를 이루어서 아름답다. 가까이하기에 좋은 호수다. 사람들이 좋아할 만하다.

두 번째 호수가 마음에 걸린다. 저 호수는 아무도 알아주지 않는 형편 없는 호수 같아 보인다. 다만 멋진 호수 가는 길에 있어서 두 번째 호수로 부르고 있다. 잘난 호수가 아닌데 잘난 호수 옆에 있어서 이름 있는 호수가 되었다. 내 모습 같아서 좋았다. 나와 같은 생각을 하는 사람들이 있어서, 별 볼 일 없는 호수 하나 더하여서 다섯 호수라고 이름 정한 것은 아닐까? 네 호수라고 불러도 전혀 이상하지 않다. 두 번째 호수는 호수가 아니다.

성경을 읽어 보면 너무 위대한 사람들이 많다. 아브라함, 요셉, 모세, 여호수아, 베드로, 사도 바울… 감히 가까이 가기에 너무 먼 당신이다. 레이크 루이스 같은 사람이다. 선교대회에서 만난 선교사님들도 대단하다. 세 번째 호수 같은 분도 있고, 네 번째 호수 같은 분도 있다. 각자 주어진 자리에서 빛을 발하고 있다. 그러면 나는? 나는 두 번째 호수 같다. 형편없는 호수인데 좋은 위치에 자리 잡고 있어서 이름 있는 호수가 되는 것 같아서 좋다.

자주 들었던 〈소원〉이라는 CCM이 생각난다.

저 높이 솟은 산이 되기보다 여기 오름 직한 동산이 되라고 말씀하시는 것은 아닌가?

나를 닮은 두 번째 호수를 다시 가 보고 싶다.

주일을 지냈는데 주일 예배 기도문을 적었다.

사랑하는 하나님.
소박하게 드리는 우리의 주일 예배를 기쁘게 받아 주시고, 크신 은혜를 주시옵소서.

지난 한 주일 평생 잊지 못할 좋은 추억을 남겨 주셔서 감사합니다. 밴프와 재스퍼를 여행하면서 하나님이 만드신 창조의 세계가 얼마나 아름다운지 알 수 있었습니다. 설산과 계곡과 호수와 산림과 자연 그 자체가 황홀할 정도로 아름다웠습니다. 주님의 높고 위대하심을 찬양합니다.

더 좋았던 것은 좋은 사람들과 좋은 교제의 시간을 갖은 일입니다. 꽃보다 사람이 아름답다는 말이 사실입니다. 아무리 좋은 경치를 보아도 좋은 사람들과 같이 보지 못한다면 의미가 반감될 터인데, 참 좋은 사람들을 만나 좋은 경치를 보며 지내니, 마치 천국이 이런 모습이지 않을까 싶었습니다. 와 보라고 주님이 말씀하셨는데 우리도 우리의 지난 일주일을 와 보라고 세상 사람들에게 말하고 싶었습니다. 주님 말씀처럼 서로 배려하며 나보다 남을 낮게 여기며 사는 사람들이 함께 살아가는 삶이 얼마나 좋은지 보여 주고 싶습니다. 여기가 천국입니다.

사랑하는 하나님.
간절한 소원 하나가 생겼습니다. 우리가 살아가는 평범한 삶이 다른 사람에게 와서 보라고 이야기할 수 있는 근사한 삶을 살면 좋겠습니다. 하나님. 우리를 축복하여 주시옵소서! 주님과 동행하며 살아 세상에 빛을 발하는, 그리스도의 향기가 풍기는 삶을 살게 하여 주시옵소서! 좋은 믿음의 친구였던 황금옥 원장을 하늘나라로 보내며, 우리에게도 곧 그날이 올 것이라는 생각이 듭니다. 남은 삶 조금 더 의미 있게 살아가는 우리가 되게 하여 주시옵소서!

김경식 목사님을 통하여서 오늘 우리에게 주실 하나님의 말씀이 기대됩니다. 말씀 잘 듣고 그 말씀대로 살아 주를 기쁘시게 하는 우리가 되게 하여 주시옵소서.
예수님의 이름으로 기도합니다. 아멘.

글을 적지 못하였던 2주간을 요약한 듯하다.

내일부터는 다시 잘 적어 보도록 하겠다.

2024년 7월 4일
지엘이를 사랑하는 할아버지가

하나님께서 교회를 통해서 말씀하신다는 믿음

사랑하는 손자 지엘이에게

주말이다. 일주일이 빠르게 지나갔다. 7월도 벌써 중순이다. 논에 심은 벼는 하루가 다르게 자라고 있는데 나도 자라고 있나? 생각해 본다. 배운 것도 없고 달라진 것도 없이 하루를 보내는 것은 아닌가? 어제의 모습과 똑같은 오늘 내 모습은 아닌가? 하루를 더 살았으니 산 만큼 달라져야 하지 않나? 그러면 좋겠다고 기도하는데, 어제는 그런 날이었다. 하루를 산 만큼 더 믿음이 자란 날이다.

《복음과 상황》 잡지를 읽는데 깨달음이 있어서 예전 책을 다시 읽고 싶어졌다. 제목만 대충 보면서 넘어갔는데 정독하고 있다. 2024년 4월 호에 인터서브코리아 대표 인터뷰 기사를 읽는데 소름이 돋았다. 교회 때문에 속상해하고 있는 할아버지 마음을 하나님께서 아시고 답을 주셨다. 교회에 관하여서 더 깊이 있게 묵상하게 하셨다. 네 눈에 보이는 교회 모습이 전부가 아니라고, 내가 교회를 이끌어가고 있다고 말씀하시는 하나님의 음성을 듣고 감격한다.

"사도신경에 보면 교회에 대한 믿음을 분명히 얘기하고 있잖아요. 거룩한 공교회와 성도의 교제를 믿는다고요. 이후 나온 니케아콘스탄티노플 신경 역시 하나이며 사도적이고 거룩하고 보편적인 교회를 믿는다고 고백합니다. 그 믿음은 사실 교회에 대한 믿음만이 아닙니다. 인식론에 대한 믿음이기도 해요. 하나님께서 교회를 통해서 말씀하신다는 믿음이죠!"

거룩한 공교회를 믿는다고 사도신경을 고백한다. 교회를 통하여서 하나님 말씀하심을 믿는다는 고백이다. 문제 많은 교회이지만 교회를 통하여서 말씀하시는 그분의 음성이 있다. 두동성산교회를 하나님께서 지켜보고 계신다. 그분의 교회를 가장 좋은 길로 인도해 가실 것을 믿는다고 고백한다. 하나님께서 말씀하시니, 순종하며 나아가리라 다짐한다. 그다음 두동성산교회가 어떻게 진행되는지 지엘이가 지켜보며 증인이 되겠다.

왜 다시 《복음과 상황》을 읽었을까? 지나간 4월 호를 읽으며 이 구절에 마음을 빼앗겼을까? 신기한 일이다. 하나님의 섭리라고 고백한다. 주로 성경을 통하여서 말씀해 주시는 하나님이시지만, 할아버지는 경건 서적을 통하여서 말씀해 주시는 하나님을 가끔 경험한다. 하나님께서 하시고 싶은 말씀이 많으신데 듣지를 못한다. 말씀하셔도 듣겠다고 귀를 기울이지 않으니 듣지를 못하는 경우가 많다. 믿음이 조금 더 자랐다. 감사한 일이다.

2024년 7월 13일
지엘이를 사랑하는 할아버지가

우리 집이 수녑 여인 집 같다고 이야기하시는 선교사님

사랑하는 손자 지엘이에게

지엘이가 아파서 두동에 오지 못한다고 하여서 걱정이 된다. 지난번 만났을 때도 감기 기운이 있었는데, 아직도 깨끗이 낫지 않은 모양이다. 지엘이가 한번 아프면 오래간다. 엄마가 아픈 지엘이를 돌보느라 고생이 많다. 내일 오후에는 할아버지와 할머니가 갈 수 있는데, 집에서 만나자. 빨리 낫기를 기도한다.

탄자니아 선교사 부부가 오셔서 지내는 중이다. 홍향임 선교사는 20대 젊은 나이에 처녀의 몸으로 아프리카로 복음을 전하기 위하여 가셨다. 어린이집 교사를 하는 중에 어린이 사역에 특별한 부르심을 받고 탄자니아로 가셨다. 사역자 모임에서 현지인 목사님을 만나 사랑하게 되었고 결혼까지 하게 되었다. 아내는 한국인이고 남편은 탄자니아 분이시다. 쉬운 결정이 아니었을 것 같은데, 복음을 위하여 헌신하셨기에 가능한 일처럼 보인다. 여기까지는 이미 알고 있었던 부분이다.

이번에 남편인 난자 목사님이 얼마나 대단한 분이신지 처음으로 알았다. 선교사님의 도움을 받아 교회를 개척하여서 교회 한 곳만 목회하시는 분이 아니다. 많은 현지 목회자들이 아직 힘이 없으니 선교사님 도움을 받아야 일이 되는데, 스스로 교회를 세워서 일어나야 한다고 현지인 사역자를 가르치며 교회 개척 사역을 하고 계신다. 140여 명의 목회자와 동역하며 어려운 가운데 복음을 전하며 교회를 개척하며 하나님 나라 확장을 위하여 애쓰고 계신다. 연회를 새로 만들 정도로 부흥을 이루시고 지금은 탄자니아 감리교단 총회장 대행을 하고 계신다. 난자 목사님을 통하여서 탄자니아 땅의 부흥이 일어나는 모습을 본다. 선교사님들이 교회 한두 곳 개척하는 것과는 수준이 다른 일들이 진행되고 있다. 성령 사역하시는 분답게 기도에 힘이 있고, 설교에 능력이 있다. 두동성산교회에서 주일 설교를 하셨는데 은혜가 있었다.

엘리사 선지자가 사역에 힘들어 쉼이 필요할 때, 수넴 여인 집에서 묵으며 새 힘을 얻었는데 우리 집이 수넴 여인 집 같다고 이야기하신다. '하늘 바람 집'이 그렇게 쓰임받기를 소원하였는데 비슷하게 쓰임받는 것 같기도 하다. 내가 이야기하는 것이 아니라, 상대방이 그렇다고 이야기해 주어야 하는데, 난자 목사님 이야기해 주셔서 행복했다. 10년은 더 있을까? 더 오랫동안 쓰임받기를 소원한다. 할머니가 건강하여서 10년, 20년 뒤에도 지금처럼 손님 접대를 잘 할 수 있으면 좋겠다. 목사님께서 우리 집을 축복하며 기도하여 주는데 그 기도를 하나님께서 듣고 응답해 주실 것이 믿어진다. 아윤이와 재윤이를 만난 후여서인지 손주들을 위한 기도도 하셨다. 아름다운 신앙 유산이 이어지기를 축복하며 기도해 주셨는데, 그 기도가 이루어지기를 할아버지도 기도한다.

2024년 7월 15일
지엘이를 사랑하는 할아버지가

마지막이 더 아름다울 수 있으면 좋겠다고 기도

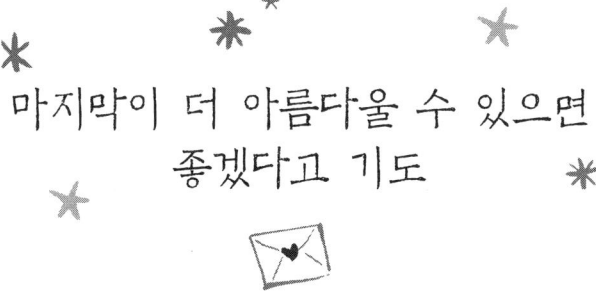

사랑하는 손자 지엘이에게

지엘이가 고집(?) 피우는 모습을 보았다. 잠을 자고 싶은데 자지를 못한다. 무엇이 불편한지 짜증을 부리는데, 힘 있게 짜증 부린다. 저녁에 잘 때는 자주 그런단다. 안고 있는데도 울어서 당황하였다. 어떻게 할지를 모르겠다. 그 모든 과정을 묵묵히 받아 주는 엄마가 대단하다. 지엘이가 대부분 시간은 웃는 모습으로 잘 지내는데, 짜증을 심하게 부리는 시간도 있다. 희로애락의 감정을 경험하며, 표현하며 자라는 지엘이다.

울산에서 프로 야구 경기가 열렸다. 부산이 홈인 롯데 야구팀이 전반기 3게임, 후반기 3게임, 일 년에 6경기는 울산에서 한다. 이번 주 두산과 3연전을 울산에서 하여서, 아윤이 누나네 식구들과 문수 야구장을 갔다. 할아버지, 할머니, 고모부, 고모 아빠, 아윤이, 재윤이, 지온이 8명이 야구장을 갔는데 좋았다. 지엘이가 조금 아파서 엄마와 지엘이는 집에 있고 아빠와 지온이만 갔다. 다음에는 같이 가자!

할아버지와 아빠와 지온이가 같이 사진 찍었는데, 옛날 생각이 났다. 아빠가 지온이만 할 때, 잠실 야구장을 갔었던 기억이 있다. 25년이 흘러 이제는 어린아이가 자라 아빠가 되었고, 그 아들의 아들과 함께 야구장에 왔다. 지난 30여 년의 시간이 감사한 시간이었다. 할아버지의 아버지와는 야구장에 갔었던 기억이 없는데, 할아버지의 아들과는 야구장에 갔었던 기억이 있는 것이 좋다. 아버지한테 받은 좋은 기억보다 더 많은 좋은 기억을 아들과 나눈 것이 감사하다. 아마도 아빠는 할아버지와 나누었던 좋은 기억보다 더 많은 좋은 기억을 지온이 지엘이와 나눌 것이다. 30년 뒤에 오늘 할아버지가 하였던 고백을 아빠가 하게 될까? 그렇게 되기를 소원한다.

집에 오기 전 7회까지는 할아버지가 응원하는 두산이 이겼는데, 결국 롯데가 이겼다. 두산이 잔루가 많았다. 2:0으로 이기고 있었지만 불안하였다. 더 점수가 나야 하는데 점수가 날 상황에서 후속타가 불발하여서 기회를 놓쳤다. 점수 나야 할 상황에서 점수를 내지 못하면 상대방이 점수를 내는 경우가 많아서 걱정하며 보았다. 인생도 그렇다. 7회까지 이겼다고 이긴 경기가 아니다. 9회 말이 끝나야 끝난 것이다. 어제는 연장까지 가서 10회 말에 승부가 났다.

야구를 보면서도 배우는 것이 있다. 60세까지는 잘 살았는데 70세, 80세가 되어서 타락하는 사람을 본다. 인생 잘 살다가 마지막 죽을 때 속상하게 죽는 분들이 있다. 7회까지 이겼다고 이긴 경기가 아니다. 9회 말이 끝나야 한다. 지금까지 인생도 좋았지만, 마지막이 더 아름다울 수 있으면 좋겠다고 기도한다. 남은 인생 열심히 잘 살아 마지막이 하나님께서 보시기에 심히 좋으면 좋겠다.

2024년 7월 18일
지엘이를 사랑하는 할아버지가

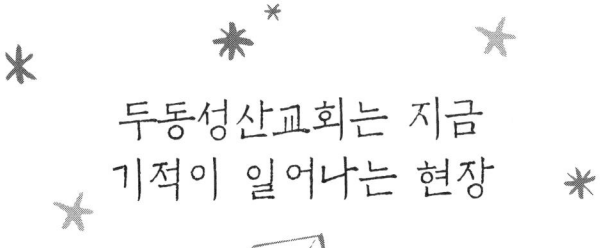

두동성산교회는 지금 기적이 일어나는 현장

사랑하는 손자 지엘이에게

수족구에 걸려서 아파하고 있다는 지엘이가 밤새 잠도 자지 않고 보챘다는 이야기를 들었다. 일주일 정도 약 먹으면 낫는다고 하니 조금만 더 고생하자! 지온이도 수족구에 걸려서 아프기 시작한다. 나쁜 병이 전국을 휩쓸면서 아이들을 아프게 하고 있다. 남의 아이들 아픈 것은 별로 신경 쓰지 않는데, 우리 손주들이 아프니 마음이 쓰인다.

두동성산교회가 새로 건축된 지 14년이 지났다. 나무 건물이어서 2년에 한 번은 칠을 하여야 하는데, 지금까지 한 번도 하지 못하였다. 그 형편이 되지 못하였다. 동안교회 박창우 장로님이 최소한의 비용으로 이번 청년부 농촌선교 봉사활동 기간에 칠을 하여 주시기로 하였다. 청년부들은 손으로 칠할 수 있는 곳을 칠하고, 전문가들은 사다리차를 타고 높은 외벽을 칠할 예정이다. 기도하며 준비한 일인데 이루어지고 있다. 지난주에는 높이 달린 불 꺼진 십자가를 고쳐 불을 밝혔는데, 다음 주에는 외벽을 멋지게 칠할 예정이다. 교회 모습이 얼마나 좋아질까? 기도가 이루어지고 있다.

주일 오후에는 한 달에 두 번 구역 모임을 하는데, 할아버지가 남자 구역 구역장이다. 여러 이야기하는데, 윤 집사님이 꿈인지 생시인지 김기화 할머니가 보였다고 하시면서, 전화를 드려서 교회 나가 자고 하시니 술 취했냐고 하셨단다. 78세 되신 윤 집사님은 올해 47년 만에 다시 교회를 나오셨는데, 교회 생각만 하면 눈물이 난다고 하신다. 은혜가 넘치는 고백이시다. 김기화 할머니의 오빠가 89세 되신 김형구 집사님이신데, 다음 주에 교회에 같이 가자고 이야기하시겠단다. 오실까? 오시지 않을까? 교회 나오시면 85년 만에 처음으로 교회 예배를 참석하시는 것이다. 그런 분들이 준비되어 있다.

두동성산교회는 지금 기적이 일어나는 현장이다. 하나님께서 하시는 일이 보인다. 하나님께서 만져 주심이 느껴진다. 이 역사의 현장에 내가 있음이 감동이다. 동안교회 청년들이 오면 해 줄 간증이 너무 많다. 동안교회 청년 1부의 농촌선교 봉사활동도 기대가 된다. 하나님께서 무슨 일을 감추어 두고 계실까? 우리 청년들에게 무엇을 보여 주실까? 교회 일로 가슴이 뛰는 것을 오랜만에 경험한다.

하나님께서 복을 주셔서 우리 두동성산교회가 허물어져 가는 농촌 교회가 다시 살아나는 본이 되면 좋겠다고 기도한다. 그 과정들을 보여 주고 계시는 것을 믿음의 눈으로 본다. 10년 뒤 얼마나 좋아질까? 얼마나 하나님 보시기에 좋은 교회로 변화되어 있을까? 기도하며 기대하며 기다린다.

할아버지는 그 모습 다 보지 못할지 모르겠는데 지엘이는 그 모습을 보게 될 것이다.

2024년 7월 23일
지엘이를 사랑하는 할아버지가

할아버지가 가장 많이 배우는 방법은 책

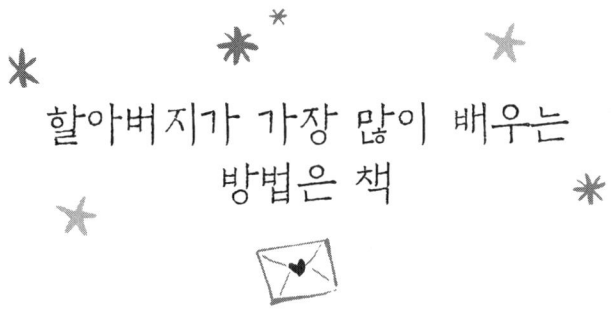

사랑하는 손자 지엘이에게

7월의 마지막 날이다. 내일이면 8월이다. 빠르게 지나가는 시간이다. 7월 무엇을 하면서 지냈는지 돌아본다. 탄자니아 선교사 부부가 와서 3박 4일 지나고 가신 일이 기억난다. 선교사님 때문에 밀양 시민교회 목사님을 알게 되어 교제하게 된 것이 가장 좋은 일로 기억된다. 사람을 만나는 일을 통하여서 배우는 것이 많다.

할아버지가 가장 많이 배우는 방법은 책이다. 평생 책을 통하여서 배우는 것이 많다. 7월에 읽었던 책이다. 《감성의 끝에 서라》라는 강신장과 황인원이 지은 책을 재미있게 읽었다. 위대한 창조의 시작이 시인의 눈으로 세상을 보는 방법이라고 여긴 경영학자와 시인이 책을 만들었다. 새롭게 세상을 보는 방법을 알았고, 시집을 다시 꺼내 읽게 되었다. 《능력주의의 함정》이라는 조용훈이 책임 편집한 새물결플러스에서 발행한 책도 잘 읽었다. 능력주의가 옳은 줄 알았는데 아닌 부분이 많다. 능력주의가 가져온 불평등과 양극화의 문제는 우리 사회의 가장 심각한 문제 중의 하나다. 기독교 윤리학자의 시각으로 능력주의를 분석한 여러 편의 논문을 읽으면서, 목사님들이 이런 정도의 책만 읽어도 다른 설교를 하시지 않을까 싶었다. 세상을 보는 눈이 너무 협소한 목사님들이 많다는 생각이 든다. 《허드슨 테일러의 영적 비밀》도 읽었다. 손주인 하워드 테일러 부부가 허드슨 테일러의 생애와 사역을 정리하여서 책을 만들었는데, 개인적인 편지와 같은 기초 자료가 많아서 쉽게 그 시대를 경험할 수 있다. 대단한 하나님의 사람이고 대단한 하나님이시다. 기도 응답에 관한 간증들이 너무 많다. 하나님과 동행하며 살아가는 기쁨을 배웠다. 《다시 만나는 교회》라는 포항제일교회 박영호 목사님의 책도 읽었다. 주목받는 성서 신학자의 깊이 있는 통찰과 목회자의 따뜻한 마음이 어우러진 신앙 안내서라는 광고 문구가 옳다. 교회 새신자를 위한 책이라는데, 이런 기초를 모르고 교회를 다니는 사람들이 많다. 아니 이런 마음을 가지고 목회하는 목사님도 드문 것 같다. 혼란스러운 교회 여러 문제를 명확하게 설명하여 주셔서 감사했다. 《복음과 상황》 월간지를 열심히 읽었다. 1년 동안 나온 책 중에 제목만 보고 넘어갔던 글들을 다시 읽으니 좋았다. 요즘은 쟈크 엘륄의 책을 읽고 있는데 조금 어려워서 진도가 잘 안 나간다.

유튜브를 통하여서 설교도 듣고, 강의도 듣고, 시사 상식을 배운다. 매일 한 시간 글 쓰고, 두 시간 운동하고, 세 시간 책 읽는 일을 잘하려고 애쓴다. 아침에 일어나서 설교 한 편 듣고, 성경 4장 읽으며 기도하며 큐티하여 장로 큐티 방에 올리고, 지엘이에게 편지 한 장 쓰고, 두 시간 책 읽는 아침 시간이 참 좋다. 매일의 루틴이 중요하다. 같은 시간에 같은 일을 하는 것이 습관이 되면 보다 나은 인생을 살게 된다. 할아버지가 좋은 본을 보일 수 있으면 좋겠다. 아직까지는 그렇게 사는 것 같아서 좋다.

2024년 7월 31일
지엘이를 사랑하는 할아버지가

'하늘 바람 집'이 이름대로 '하나님의 바람'이 이루어지는 집이 되기를

사랑하는 손자 지엘이에게

오랜만에 하루 종일 바쁘게 지냈다. 동안교회 청년들이 와서 지내니 교회에 나가 보게 된다. 교회가 12년 만에 처음 외벽 칠을 하는데, 할아버지가 중간에 한 역할이 있어서 참견하게 된다. 저녁에 청년들이 와서 바비큐 파티 하는 데 필요한 물건을 사러 시장을 보았다. 만나는 사람 없이 혼자 지내는 날이 많았는데, 여러 사람 만나며 바쁘게 지냈다. 피곤하지만 피곤함보다 기쁨이 열 배 많다. 감사한 일이다.

이끼를 벗겨 내고 땀을 흘리며 일하는 청년들을 보면서 행복해한다. 나도 이렇게 좋은데, 두동성산교회 교인들이 이렇게 좋아하는데, 우리 하나님이 얼마나 좋아하실까? 참 좋아하시겠다. 기뻐하시는 하나님 모습이 보이는 듯하다. 페인트 작업을 하시는 분들이 참 좋은 분들이다. 꼼꼼하게 칠하여 주셔서 감사하다. 한때 몸을 쓰며 일하시는 분들을 잘 헤아리지 못했었는데, 참 성실하게 자기에게 맡겨진 일을 열심히 하시는 분을 만난다. 존경스러운 분들이다. 어제 만난 사람들이 그런 분들이다. 감사함이 절로 나온다.

저녁에는 할아버지 집에서 바비큐 파티를 하였다. 1년 동안 많은 손님이 왔었다. 수십 번 넘게 고기를 구웠는데 어제가 제일 즐거웠다. 여러 손님이 왔었는데 어제 온 청년들이 오래 기억에 남을 것 같다. 지난주에 왔었던 탄자니아 선교사 부부가 좋았었는데, 이번 주에 온 동안교회 청년들이 더 좋다. 다음 주에 오는 전도사님 가족들이 더 좋을지 모르겠다. '하늘 바람 집'이 이름대로 '하나님의 바람'이 이루어지는 집이 되는 것 같아 좋다. 우리 집이 더 귀하게 쓰임 받기를 기도한다.

같이 밥 먹고, 이야기를 나누며 지내는데 이렇게 좋을 수가 없다. 몇 청년들과 할아버지가 살아왔던 날들을 이야기하는데 은혜가 된다고 하니 참 좋다. 평범하게 살아가는 삶이 하나님께 죄송한 적이 많았다. 성경 속에 나와 있는 인물들이나, 교회 역사 속에서 위대한 일을 이루신 믿음의 영웅들이나, 지금 여기에서 선교사로 수고하시는 분들이나, 주를 위하여 크게 쓰임받는 사람들이 많은데, 나는 너무 평범하게 소시민으로 살아가는 것 아닌가? 잘못 사는 것 아닌가? 하나님께서 원하시는 삶은 다르지 않을까? 죄송스러움이 있었다. 평범하게 살면서 주를 위하여서 작은 일이라도 감당하며 사는 삶도 가치 있는 삶 같기도 하다. 청년들이 그렇게 이야기해 주니 감사하다.

오늘 같이 교제하였던 청년들이 30년 뒤에는 어떤 모습으로 변했을까? 이 땅을 하나님 나라로 만들어 가는 일에 쓰임받는 위대한 하나님의 사람들이 나오면 좋겠다. 할아버지처럼 평범하게 살면서 교회를 잘 섬기고 후배들을 섬기는 사람이 되어도 좋겠다. 저 청년들 때문에 30년 뒤에 우리 교회가 더 건강해지면 좋겠다고 기도한다.

**2024년 8월 2일
지엘이를 사랑하는 할아버지가**

피곤함보다 감사함과 기쁨이 더 큰 삶을

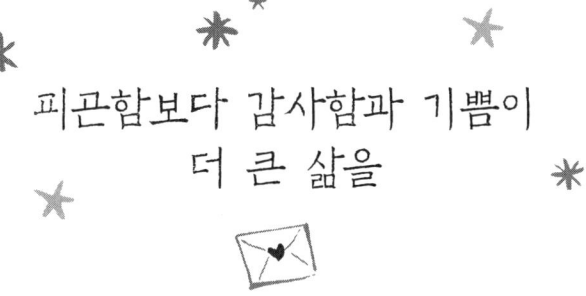

사랑하는 손자 지엘이에게

참 더운 날씨인데 지엘이는 어떻게 지내고 있니? 더워서 밖에 나가 놀지도 못하고 집에서만 지내고 있겠다. 이번 주까지 덥다고 하는데 더위에 아프지 말고 잘 지내라. 재윤이와 소리와 룩이와 자수정 동굴 나라를 갔었는데 시원하고 좋더라. 동굴 바람이 에어컨 바람보다 좋다. 좋은 곳을 가면 지엘이 생각이 난다. 더운데 지엘이도 여기에 오면 시원하고 좋겠다는 생각이 든다. 사랑의 마음이다. 관심이 사랑이다.

룩이가 다니는 꾸러기 유치원 친구들의 두 가정이 왔다. 예수 잘 믿는 젊은 부부들이 말씀대로 자녀들을 양육하려고 애쓰는 모습이 보기 좋다. 욕심을 따라 자녀들을 키우는 세상에서, 하나님이 선물로 주신 자녀들을 하나님 뜻에 맞게 키우려고 생각하고 고민하는데 생각대로 살지 못하는 것, 아파하는 그 모습이 보기 좋다. 하나님께서 힘주셔서 바르게 잘 양육할 수 있게 하여 달라고 기도한다.

지엘이 아빠가 카레이서가 되겠다고 하여서 고등학교를 자퇴하고 정선에서 자동차 탔었던 이야기를 들려주었다. F1 카레이서 꿈을 꾸는 자식을 믿고, 자식 가는 길에 걸림돌이 되지 않고 디딤돌이 되는 부모가 되고 싶었다고 이야기하였다. 내가 경험하지 않고 말로 하는,

책에 나와 있는 이론은 별로 힘이 없다. 할아버지 나이가 되면 얼마나 아는 것이 많으냐가 아니라 어떻게 살아왔느냐가 힘 있는 이야기가 된다. 자식 키우는 일에 관하여서는 조금(?) 할 말이 있어서 감사하다. 후배들에게 해 줄 수 있는 이야기가 있는 삶을 살아서 좋다.

예쁜 집을 주셨는데 나 혼자만 쓰지 않고 이웃들과 나눌 수 있어서 감사하다. 저녁 식사로 마당에서 바비큐를 하여서 맛있게 먹었다. 딸과 아들 같은 젊은 부부들이 맛있게 먹는 모습이 좋다. 할아버지가 이제는 숯불을 피워서 고기 굽는 일을 아주 잘한다. 자주 하다 보니 익숙해져서 어떻게 구워야 맛있는지 안다. 지금까지 먹었던 고기 중에 가장 맛있다는 이야기를 듣는다. 재윤이까지 7명의 아이가 너무 행복하게 노는데 참 좋다. 방방이 타고 물놀이하고 잔디밭 뛰어다니고 3층 다락방을 오르내리면서 재미있게 논다. 놀이동산에서 노는 것같이 이리 뛰고 저리 뛰면서 논다. 손주들에게 좋은 추억을 선물하는 것 같아 좋다. 감사한 일이다.

선교사님 부부도 오시고, 청년들도 오고, 젊은 부부들도 오니 '하늘 바람 집'이 바쁘다. 약간 피곤하기는 하지만 피곤함보다 감사함과 기쁨이 더 크다. 하나님께서 좋아하시는 것이 느껴져서 좋다. 잘했다고 칭찬하시는 하나님의 음성이 들리는 듯하다. 평생 하나님을 기쁘시게 하는 삶을 살고 싶다고 기도한다. 지엘이도 하나님을 기쁘시게 하는 좋은 삶을 살아라. 할아버지보다 더 멋진 삶을 살거라! 행복한 삶을 살거라!

2024년 8월 6일
지엘이를 사랑하는 할아버지가

예수님 말씀을 실천하는 사람으로 기억하니 감사

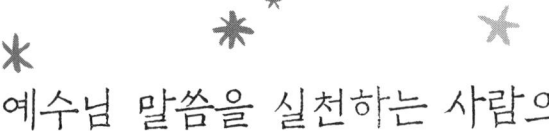

사랑하는 손자 지엘이에게

날씨 더운데 잘 지내고 있니? 너무 더운 날씨로 고생이 많다. 예년에는 8월 중순이 되면 기온이 떨어지는데, 올해는 떨어질 기미가 보이지 않는다. 기후 위기라는 말을 실감한다. 내년에는 더 더워진다는데 걱정이다.

밀양 시민교회 나철수 목사님 부부와 권사님 한 분이 오셔서 같이 점심 식사 하고 교제하다가 가셨다. 동안교회 신동철 목사님이 가장 존경하는 목사님이라고 하시는데, 존경할 만한 목사님이시다. 살아오신 삶이 은혜이고, 지금 사시는 모습이 은혜다. 말씀대로 살기 위하여 애쓰시는 모습이 보기 좋다. 말씀에 의지하여 살아가는 작은 경험들이 쌓여서 하나님을 향한 믿음이 굳건하시다. 하나님을 믿는 믿음이 무엇인지 삶으로 보여 주시는 목사님을 만나 반가웠다. 말씀을 아는 것이 중요한 것이 아니라 말씀대로 살아 내는 것이 중요하다. 목사님과 교제하며 지내면 믿음이 더 굳건해질 것 같다. 좋은 본을 보여 주시는 목사님을 만나 기뻤다.

하나님의 마음을 알아 하나님께서 좋아하시는 일을 하시려고 애쓰신다. 선교사님을 돕는 사역을 열심히 하신다. 밀양 작은 교회에서 목회하시면서 자기 교회만 생각하시는 것이 아니라 더 큰 하나님의 세상을 보는 눈이 있으시다. 하나님께 복 받는 비결을 아신다. 경험치가 쌓이니 저절로 믿음이 강해진다. 교인들도 하나님 하시는 일을 본다. 목사님 사역을 믿는 믿음이 크다. 교회다운 교회를 본다. 감사한 일이다.

다른 사람이 보기에 나는 어떨까? 믿음이 있는 사람처럼 보일까? 말씀대로 살아가는 사람처럼 보일까? 그렇게 보이면 좋겠다. 그렇게 살아가기를 소원한다. 아름다운 (하늘나라) 아빠가 보내 준 메일이 생각난다. 예수님 말씀을 실천하는 사람으로 기억하니 감사하다. 친구들에게 메일을 보여 주니 잘 사는 모습이 보기 좋다고 한다. 조금 비슷해지는 것 같다. 내가 예수님 잘 믿는 나 목사님을 만나 좋았던 것처럼, 나를 만나는 사람들이 예수 잘 믿는 사람을 만나는 기쁨을 누리면 좋겠다. 이 기도 제목도 하나님 좋아하시는 기도 제목이어서 반드시 들어 주실 것이 믿어진다.

손주들이 나중에 할아버지를 기억할 때, 예수 잘 믿어 예수님 말씀대로 살려고 애썼던 사람으로 기억되면 좋겠다. 문제 상황에서 상식적으로 결정하지 않고, 말씀에 의지하여 하나님을 기쁘시게 하는 방법으로 결정하셨던 할아버지로 기억되면 얼마나 좋을까? 한번 욕심을 가지고 도전해 볼 일이다. 가장 가치 있는 삶을 사는 방법 같다.

2024년 8월 14일
지엘이를 사랑하는 할아버지가

부록

그림 최명지 @choi_myung_ji_nn

첫돌을 맞는 지엘이에게
보내는 편지

사랑스러운 지엘아

올여름엔 수국꽃이 대세다. 공원마다 탐스럽고 예쁜 수국꽃이 장마 가운데서도 예쁨을 뽐내고 있단다. 그중에서도 진파랑 수국꽃은 참 아름답다. 할아버지가 좋아하는 색인데, 어떻게 저렇게 예쁜 색깔이 나왔는지 신기하다.

호기심이 많은 지엘아.
할아버지가 보기에 지엘이는 호기심이 많은 것 같구나.
너는 엄마 뱃속에 있을 때부터 바깥세상을 무척 궁금해했었을 것 같아. 미지의 바깥세상을 빨리 보고 싶었고, 또 세상으로 빨리 나가고 싶었던 너는 엄마 뱃속에서 작전을 짰지. 그리고 무려 한 달 하고도 보름이나 빨리 나오는 데 성공했다.
그렇지만 할아버진 인큐베이터에 있는 네가 안쓰럽게 생각되고 가냘픈 팔과 다리가 걱정되기도 하였다. 하지만 너는 걱정하지 말란 듯이 일주일 만에 인큐베이터를 졸업했고 일반 병실에서 일주일을 더 입원해 있다가 의사 선생님의 퇴원 허락으로 엄마 뱃속에서 나온 지 2주일 만에 집으로 올 수 있게 되었단다. 기적과도 같은 일이란다.
그 후론 먹기와 잠자기를 힘쓰더니 4개월쯤 되었을 때는 작고 가냘팠던 너의 모습은 사라지고 아주 보기 좋게 통통해졌고, 만삭으로 나온 다른 아이들보다도 더 튼튼하게 되었다. 할아버지는 그런 네가 대견했고 참 감사했다.

쁘니에서 지엘이로….

엄마 뱃속에 있었을 때의 네 이름은 쁘니였단다. 엄마가 지어 준 이름으로, 예쁘다는 뜻이지. 기억나니? 네 형의 이름은 쁘띠였어. 쁘띠도 예쁘다는 뜻이야. 이젠 너를 지엘이라고 부르는데 이 이름도 엄마가 지어 주었단다. 엄마가 성경 공부를 하다가 떠오른 이름으로 '하나님의 지혜'라는 아주 좋은 뜻을 가졌단다. 하나님을 아는 지혜와 지식이 너에게 충만하길 바라는 의미가 담겨 있다.

웃는 모습이 참 예쁜 지엘아.

할아버지와 눈이 마주치면 미소 지으며 반갑게 맞이해 주는 지엘아. 너의 웃는 모습은 모든 선한 것을 다 모아 놓은 모습이란다. 네가 작은 손가락으로 할아버지의 손바닥을 펴고 그 위에 네 손을 포개어 "짝짝짝" 두드릴 땐 할아버지와 지엘이가 하나 되는 느낌이란다.

네가 아파서 할아버지와 엄마와 함께 울산대학교병원에 갔을 때의 일이다. 할아버지가 너를 안고 있었는데 병원 복도를 지나가던 어떤 할아버지 한 분이 다가오시더니 네 앞에서 걸음을 멈추었다. "아기의 웃는 모습이 너무 예뻐서 그냥 지나칠 수가 없어요" 하며 네 얼굴을 한참 들여다보시더니 "네 할아버지는 좋겠다. 손자가 잘 웃어서 좋겠어"라며 예쁘다는 말을 몇 번이나 되풀이하고 지나간 일도 있었단다. 잘 웃는 손자 지엘이가 있어서 할아버지는 참 행복하구나.

점핑 천재 지엘아.

철봉에 점핑 그네를 걸고 구름판으로는 물이 든 비닐 발판을 밑에 놓았다. '지엘이가 잘 탈 수 있을까?'라는 염려도 잠시, 너를 그네에 앉히는 순간 "이야!" 하는 감탄이 입에서 나왔다. 너의 운동신경이 놀랍구나. 점핑 그네에 앉혀 놓자마자 발을 통통 튀듯이 구르는데, 그네를 타는 그 모습이 생동감 넘친다. 한 번도 가르쳐 준 적이 없는데 개구리처럼 통통 튀는 모습이 신비하기까지 하다. 네 엄마도 네 살 무렵에 두발자전거를 한 번의 연습도 없이 바로 운전했다.

형을 좋아하는 지엘아!
형이 어린이집에서 돌아오면 반가워하는 것을 네 표정에서 읽을 수 있단다. 형하고 같이 있는 것을 좋아하고, 형하고 장난감 놀이를 함께하면 더 좋아하고 또 형이 하는 발차기 동작을 따라서 하고, 형과 함께하면 모든 게 신이 나는 모습이다. 그래서인지 지온이 형도 동생인 지엘이를 좋아한단다.
네가 열이 나고 기침을 하던 날 밤이었다. "지엘이가 건강하게 해 달라고 가족이 다 함께 기도하자"라고 형이 먼저 제안을 해서 온 가족이 한마음으로 지엘이의 건강을 위해 기도를 했단다. 형이 아직은 어리지만 하나님을 잘 믿는 참 멋진 형이지? 할아버지의 눈앞에는 멋진 형제의 모습이 그려지고 입가엔 미소가 번진단다.

하나님의 자녀 지엘아.
지엘이는 예수님을 아니? 엄마 뱃속에서부터 계속 들어온 이름이라 익숙한 이름일 거야. 할아버지는 지엘이라는 네 이름처럼 너의 신체가 쑥쑥 자라고 너의 지혜도 더욱 크게 자랄 것이라고 믿는다. 우리 지엘이가 좋은 양육 환경 속에서 은혜와 사랑 가운데 아름다운 모습으로 성장하길 두 손 모아 기도할게.

지엘아, 사랑한다.

2024년 7월 20일 스마트빌에서 외할아버지가

행복한 33년 교사 생활을 마무리하면서

사랑하는 고대부중 후배 선생님들께

　지난주 일주일 동안 중학교 시절에 만났던 교회 친구 7쌍 부부와 하와이 크루즈 여행을 다녀왔습니다. 회갑 기념 여행을 꿈꾸었는데 코로나19로 가지 못하였고, 우리 부부의 정년퇴직을 기념한다고 시간을 맞추어 다녀왔습니다. 여행 다니며 먹고 마시고, 웃고 떠들며 참 많은 이야기들을 나누었습니다. 박사가 3명이니 많이 배운 친구들도 있고, 돈 많은 부자들도 여러 명입니다만, 친구들이 이구동성으로 우리 부부가 가장 가장 행복한 인생을 살았다고 이야기합니다. 저도 그렇게 생각합니다. 왜 그럴까? 생각하였습니다. 오늘 그 이야기를 조금 하려고 합니다. 짧게 정리한 63년 제 인생입니다.

　한 번 사는 인생인데 행복하게 잘 살고 싶었습니다. 무엇을 어떻게 하면 잘 사는 인생일까요? 첫 번째는, 좋은 아빠가 되면 행복할 수 있을 것 같았습니다. 행복한 삶은 좋은 아버지가 되는 데 있다고 믿고, 좋은 아버지가 되려고 애썼습니다. 자녀들에게 존경받는 아버지가 최고의 인생인데, 그렇게 살아야 행복합니다. 조금 이룬 것 같기도 합니다. 비슷하게 흉내는 낸 것 같습니다. 친구들이 많이 부러워한 부분입니다. 고대부중 모든 선생님이 좋은 아버지가 되고 좋은 어머니가 되는 데 목표를 두고 살고, 그 목표를 이루어서 모두 행복한 인생을 사시면 좋겠습니다.

두 번째는, 하는 일에서 만족해야 행복할 수 있다고 생각하였습니다. 좋은 선생님이 되면 행복한 인생을 살 것 같았습니다. 100% 완벽하게 살아 내지는 못하였지만 좋은 선생님이 되려고 애썼던 지난 33년의 교사 생활이 저를 행복하게 만들었습니다. 친구들이 부러워하는 삶을 살게 된 가장 중요한 부분이었습니다. 사랑하는 고대부중 모든 선생님이 저보다 더 좋은 선생님이 되셔서 행복한 삶을 살아가시기를 바랍니다.

좋은 아버지가 되는 방법과 좋은 선생님이 되는 방법은 같습니다. 지금 내가 가르치고 있는 아이들이 씨앗이라는 생각을 하며 가르쳤고, 딸과 아들 두 아이가 씨앗이라고 생각하며 양육하였습니다. 수업 시간에 가장 많이 하였던 말이, "나는 씨앗입니다!"입니다. 봄에 피는 꽃도 있고, 가을에 피는 꽃도 있습니다. 씨앗마다 피는 시기가 다릅니다. 어떤 씨는 6개월만 자라도 열매를 맺지만, 어떤 씨는 6년을 자라야 열매를 맺습니다. 씨앗에는 생명이 있어서 심고 가꾸고 물 주면 자라게 되어 있습니다. 우리 자녀들이, 우리 아이들이 씨앗입니다. 지금은 미미해 보이지만 나중에 자라면 무엇이 어떻게 될지 아직은 모릅니다. 아이들에게 그렇게 이야기하고, 나도 아이들을 그렇게 바라보려고 애썼습니다.

자녀들이 나와 다른 생각을 했을 때, 나는 봄꽃을 기대하는데 저 놈은 가을꽃인지 모르겠다고 생각하려고 애썼습니다. 첫째는 쉬웠는데 둘째는 조금 어려웠습니다. 나와 비슷한 자식은 이해하기 쉬운데 나와 다른 자식은 조금 이해하기가 어렵습니다. 내 입장을 버리고 자식 입장이 되어서 자식을 이해하는 것은 저절로 갖게 되는 생각이 아니라, 뼈를 깎는 고통을 통하여서 갖게 되는 생각입니다. 내가 틀리고 자녀들이 맞을지도 모른다는 생각을 하려고 애썼습니다.

우리 직업이 선생님이어서 직업병이 있습니다. 내가 옳은 경우가 많습니다. 너는 틀렸다고 가르치고 싶은 마음이 있습니다. 그 마음을 내려놓는 것이 쉽지 않았지만, 지금 생각하니 아주 잘한 일입니다. 말은 이렇게 하지만 내 고집대로 하여서 문제가 되었던 경우가 많습니다.

자녀들과 비슷하게 교실에 있는 아이들도 같은 마음으로 보려고 애썼습니다. I AM OK / YOU ARE NOT OK가 아니라 I AM NOT OK / YOU ARE OK일 수 있습니다. 네가 옳고 내가 틀릴 수도 있다고 인정하니 오히려 자기 생각을 버리고 내 생각에 따르는 경우도 많았습니다. 학교 현장에서는 포기한 경우가 더 많았습니다만, 몇 명은 성공한 것 같습니다. 감사한 일입니다.

나는 그렇게 살지 않으면서 너는 그렇게 살라고 이야기하는 것은 옳지 않습니다. 게 엄마가 나는 옆으로 걷지만, 자식들에게 너는 똑바로 걸으라고 이야기한다는 우스운 이야기가 있습니다. 나는 이렇게 살아서 불행한 삶을 살았지만, 너는 저렇게 살아서 행복한 삶을 살라고 이야기하기보다는, 내가 이렇게 사니 행복하다고, 너도 그렇게 살라고 이야기하는 사람이 되고 싶었습니다. 선생이라는 단어가 앞서 살아간 사람인데 바르게 잘 살아야 한다는 부담감을 가지고 살았습니다. 여전히 부족하지만, 노력하고 애썼더니 처음보다는 나아진 것 같습니다. 감사한 일입니다. 행복하게 교직 33년을 마무리할 수 있어 감사하다고 이야기할 수 있는 지금 참 행복합니다.

하나님 이야기를 마지막으로 합니다. 제가 가지고 있는 기독교 신앙이 소중한 것을 지키게 하였습니다. 하나님의 은혜라는 말을 교회에서는 자주 합니다. 잘 이해하실 수 없겠지만, 제가 믿고 있는 하나님께서 저에게 은혜를 주셔서 이렇게 좋은 삶을 살게 해 주셨다고 고백합니다.

선생님이라는 직업이 부를 가져다주지는 못합니다. 사회적 지위가 높지도 않습니다. 그러나 제가 살아 보니 나쁜 일 하지 않고 살아도 되는 좋은 직업입니다. 좋은 부모가 되는 데 최고의 직업입니다. 보람으로 따져도 그 어느 직업보다 훌륭합니다. 누구나 부러워할 만한 행복한 인생을 사는 데 가장 적합한 직업입니다. 적어도 저의 경우에는 그랬습니다. 여러분 모두는 더 근사한 교사 생활을 하셔서, 더 행복한 퇴임식을 하시면 좋겠습니다. 누가 선생님 아니랄까 봐, 마지막까지 선생님 직업병을 발휘하여 길게 이야기하였습니다.

퇴직 이후 30년 정도가 남아 있지 않을까 생각합니다. 울산 근교 두동면 구미리에 전원주택을 짓고 내려가 살 계획입니다. 하나님께서 새로운 사명을 주시고 그 사명을 이루며 살라 하시는 부분이 있을 것 같습니다. 퇴직 이후 근사한 삶을 잘 살아서 후배 교사들에게 본을 보이면 좋겠습니다. 지난 33년의 고대부중의 삶이 행복하였던 것처럼, 남은 삶도 행복하게 잘 살고 싶다고 기도하고 있습니다. 예쁘게 집을 잘 지었는데, 2층 가장 좋은 방을 게스트룸으로 꾸몄습니다. 언제든지 내려오시면 하룻밤 재워 드리고, 맛있는 식사도 준비하겠습니다.

2023년 2월 16일
고대부중을 떠나면서
안 중 섭

안중섭 장로님, 손승현 권사님
가정에 보내는 편지

　8월의 어느 더운 날 오직 그리스도의 이름 안에서 한 형제로 여기는 장로님 가정에서 그리스도를 섬기는 마음으로 후한 환대와 대접 받은 아름다운 (하늘나라) 가정이 짧은 글을 붙여봅니다.

　1박 2일간의 헌신적 섬김으로 대접받아 너무나 감사한 마음을 속으로 간직했습니다.
　글과 거리를 둔 지 수일 되어 마음을 글로 다듬어 볼까, 발은 내딛지 않고 고민만 하던 중이었습니다. 오늘 주님의 안식일인 주일에 하나님께서 교회를 통해 내려주시는 말씀을 듣는 도중 마음에 인도하심을 따라 짧게나마 감사의 인사를 전해봅니다.

　개인주의가 질펀하고 연대적 의식이 현저히 낮은 이 시대에 그 세대의 아이들로 자란 저희나 저희 또래는 낯선 사람에게 선을 베풀기란 글로 배워서 알 수 있는 일이 아닙니다. 주님께서 작은 사람들 가운데 하나에게 냉수 한 그릇을 주는 사람은 절대 자기가 받을 상을 잃지 않으리라 (마 10:42) 하신 말씀을 머리로는 이해하나 현실로 실천하여 살아가는 일이 절대 쉽지 않음을 너무나 잘 알고 있습니다.

교회에서 전해지는 그리스도의 사귐, 성도와의 교제가 그저 수 해 동안 교회 안에 봐왔던 특정한 사람들과의 교류로만 알았지, 일면식 없는 어느 그리스도를 믿는 낯선 사람에게도 해당이 되리라는 것 그간 체험해 본 일이 없었습니다. 그런데 이번 장로님 가정을 방문함으로 몸으로 마음으로 깊이 깨닫게 되었습니다. 그리스도께서 제자들을 불러 모으시며 '나를 따르라' 말씀하실 때 그 즉시 그물을 내어 두고 혹은 세리의 자리를 박차고 일어나 주님을 기쁘게 따랐던 제자들의 모습이 저희를 후하게 맞아주신 장로님 가정이 아닐까 생각 들었습니다. 그러므로 지낸 하루가 그저 시간을 흘려보내고 낯선 사람을 만나 친해지는 자리가 아닌 그리스도의 사랑을 장로님 가정을 통해 받을 수 있는 귀한 시간이었음을 오늘 말씀을 통해 더욱 깊이 깨닫게 됩니다. 말씀이 현실로 들어와 저희 삶에 자리 잡을 때 그 기쁨이 매우 크고 감사함을 알게 됩니다.

　장로님 가정에서 느낀 형제자매를 사랑하는 그 사랑은 저희가 그리스도의 영원한 생명에 함께하는 형제임을 더더욱 느낄 수 있었습니다. 주님께서 은혜로 장로님 가정을 통해 눈으로 배우고 몸으로 체득한 사랑을 다른 믿는 형제에게도 흐를 수 있게 해주시기를 구해봅니다.

　장로님 가정에 의와 평화와 기쁨이 성령 안에서 항상 가득하시기를 소망합니다.

2024년 8월 11일 주일 오후 예배 후
아름다운 가정 보내 드림

나래의 퓨어나드 로스팅하우스

안녕하세요.
퓨어나드 로스팅하우스는 기계공학과 디자인을 전공한 젊은 부부가 운영하는 로스팅 공방입니다. 커피를 좋아하는 마음에서 시작해, 여러 가지 커피 원두를 로스팅하며 더 향기로운 맛을 찾아 연구하고 있습니다.
커피 맛을 결정 짓는 가장 중요한 요소는 신선한 재료입니다. 퓨어나드 로스팅하우스에서는 항상 신선하고 품질이 좋은 생두를 사용하고 있습니다. 좋은 재료로 가장 맛있는 맛을 담아 제공해드리겠습니다.
저희가 드리는 커피 한잔으로 향기로운 하루가 되셨으면 좋겠습니다.

원두 납품 문의
한나래 010.5058.4782
울산광역시 남구 야음동 402-11

네이버 스마트스토어
카카오톡 채널
'퓨어나드 로스팅하우스'

인스타그램
purenard.roastinghouse

PURENARD ROASTING HOUSE

네이버 스마트 스토어에서
퓨어나드 로스팅하우스를
검색해보세요!

로스팅원두, 더치커피, 드립백을 판매합니다.

모든 제품은 네이버에 '퓨어나드 로스팅하우스'
검색하셔서 스마트스토어에서 구매하실 수 있습니다.